JN269443

入門実践金融
証券化のすべて
ALL OF THE SECURITIZATION

田渕直也
NAOYA TABUCHI

日本実業出版社

はじめに

　証券化は、デリバティブと並んで、現代金融ビジネスにおける最大のイノベーションの一つです。
　証券化によって、まったく新しい金融の道が切り開かれ、企業にも投資家にも、金融機関にも、様々なメリットをもたらしてきました。証券化は一般の金融商品に比べて非常に複雑で、組成にも手間ひまがかかれば、投資をするにも手間ひまがかかります。その煩雑さにもかかわらず証券化市場が急速に拡大し、巨大市場に育ったのは、そうした様々なメリットがあったからです。

　しかし、デリバティブもそうですが、高度な金融技術はときに危険な使い方をされ、大きな厄災を招いてしまうことがあります。
　サブプライム・ローン問題の元凶とされて以降、証券化も厳しい逆風にさらされています。規制の強化が叫ばれ、多くの投資家が証券化商品への投資から手を引きました。2005〜6年頃の活況を再び取り戻すことは至難の業かもしれません。では、証券化市場はこのまま縮小してしまうのでしょうか。
　私は、そうではないと思っています。現に、証券化市場には復活の兆しが見えはじめています。サブプライム・ローン問題での反省を踏まえ、本来の適切な使われ方をする限り、証券化がもたらす大きなメリットは決して失われません。証券化は、依然として現代金融ビジネスにおいて不可欠の技術であり、これからもその重要性が失われることはないでしょう。とくに金融の場で働く方々にとって、証券化について学ぶことの

重要性はますます増していくと考えられます。

　本書では、まず第1章で証券化の全体像を概観します。証券化には**倒産隔離**や**信用補完**といった独特な技術が使われますが、それらについては第2章で見ていきます。

　第3章では、一般的なABSのしくみと**組成業務の概要**を説明します。証券化の組成業務は広範囲にわたり、かつ複雑な作業です。投資家にとっても、投資をするにあたってはそのしくみを正確に理解しなくてはなりません。しかし、証券化とは本来、関係者が手間ひまをかけて作りあげていくものなのです。

　証券化市場の中で、最も大きな市場を構成しているのがMBS（モーゲージ担保証券）です。このMBSは第4章で取りあげます。MBSでは、**プリペイメント（期限前償還）リスク**をどう扱うかという問題があり、**パススルー証券とペイスルー証券**という二つの概念が生み出されます。これが証券化の発展に大きく寄与しました。

　第5章で取りあげる**不動産ファンド**は、金銭債権ではなく、不動産そのものを証券化するという点で、他の証券化とは一線を画します。REIT（リート：不動産投資信託）をはじめ、不動産ファンドは、不動産取引の活性化と市場の透明化を期待される存在です。

　第6章では、**CDO（債務担保証券）**を取りあげます。CDOの中には、デリバティブと証券化が融合したシンセティックCDOや、ABS CDOなどの再証券化商品があります。これらはサブプライム・ローン問題でとくに大きなダメージを受けた商品ですが、そこにどのようなリスクが

隠されていたのかを見ていきます。

　最後に、第7章ではサブプライム・ローン問題の経緯を見つつ、証券化のリスクや問題点をあぶり出します。これらはそのまま、証券化の今後の発展に向けての課題となります。
　証券化本来のメリットと、サブプライム・ローン問題で浮き彫りにされた課題をあわせて理解することで、証券化の未来が見えてくるでしょう。本書が、読者の方が〝これからの証券化〟のあり方を考える一助になれば幸いです。

2012年10月

田渕　直也

入門実践金融●証券化のすべて

Contents

はじめに

第1章
証券化とは何か

1-1 証券化の定義　複雑でリスクもあるがメリットも大きい ── 14

1-2 証券化の分類　3つの視点で特徴が見えてくる ── 17

　　（1）導管体による分類 ── 17
　　　　SPC／18　特定の法律に基づく法人／20　信託／21

　　（2）投資形態による分類 ── 21
　　　　ABS（資産担保証券：Asset Backed Securities）／21　ノンリコース・ローン／22　組合出資／22　投資口、投資法人債／23　特定目的会社への出資、特定社債／23　信託受益権／24

　　（3）裏付資産による分類 ── 24
　　　　金銭債権／24　企業向け債権／24　不動産関連債権／25　その他／25

1-3 証券化の歴史　米国発の魅力あふれる投資商品 ── 27
証券化大国米国はモーゲージ市場の拡大から始まった ── 27
CMOの誕生 ── 29
不良債権の証券化 ── 30
その他の国での発展 ── 31
証券化市場の規模 ── 33

1-4 なぜ証券化をするのか？　様々な立場でのメリットがある ── 36
原債権者のメリット ── 36
投資家のメリット ── 39
組成業者のメリット ── 41

1-5 事業が生み出すキャッシュフローを裏付けとする事業の証券化 ── 44
事業の証券化のしくみ ── 45
日本での事例 ── 47

第2章
証券化の特徴とリスク

2-1 倒産隔離とは？　SPCの倒産防止 ── 50
SPCの倒産防止 ── 51
ＳＰＣの出資者や経営者による倒産手続きの防止／51　ＳＰＣの債権者による倒産手続きの防止／54

2-2 オリジネーターからの倒産隔離 ─────────── 56
　　（1）真正売買 ─────────────────── 56
　　（2）オフバランス化 ─────────────── 58
2-3 サービサーからの倒産隔離 ──────────── 61
2-4 信用補完には超過担保、優先劣後構造、保証がある ─── 63
2-5 リスク回避の様々な措置　キャッシュ・トラップ、各種のリザーブ ─ 66
　　流動性補完 ──────────────────── 67
2-6 投資商品としての証券化商品のリスク ─────── 70
　　裏付資産ポートフォリオのリスク ──────────── 70
　　ストラクチャーのリスク ─────────────── 71
　　価格変動リスク・市場流動性リスク ─────────── 71
　　モデル・リスク ────────────────── 72
　　再証券化にかかるリスク ─────────────── 72

第3章
証券化の基本的なしくみ

3-1 証券化のスキームを見てみる ─────────── 76
　　SPCの設立 ──────────────────── 78
　　資産精査（デューデリジェンス） ────────────── 78
　　信託の設定と信託受益権の売却 ─────────────── 79

　　　　証券の発行 ──────────────────── 80
　　　　債権の回収 ──────────────────── 81

3-2　裏付資産の質とABSの構成 ──────────────── 83

3-3　優先劣後構造とウォーターホール ──────────── 87
　　　　トランチング ───────────────── 87
　　　　ウォーターフォール ──────────────── 89

3-4　格付会社から格付を取得する ─────────────── 91
　　　　シニアとメザニンのリスクとLTV ───────────── 93

3-5　キャッシュフローの変換が付与されたトランシェ ─── 96

3-6　エクイティ投資のレバレッジ効果 ──────────── 99

3-7　仕組債と証券化の違い ─────────────── 101
　　　　オリジネーターがいない／104　投資家のニーズのみによって組成されるのが一般的／104　優先劣後構造がない(単一の債券である)／104

第4章
モーゲージ担保証券(MBS)の特徴としくみ

4-1　住宅ローンを担保としたRMBSとは ─────────── 108

4-2　住宅金融支援機構が発行するRMBSの特徴 ────── 111
　　　　住宅金融支援機構による保証と担保債権の差し替え ─── 111

　　　　期限前償還リスクの投資家への転嫁 ──────────── 112

4-3　期限前償還率を変動させる要因とは？ ──────────── 114
　　　　住宅ローンのライフサイクルによる期限前償還率の変化 ──── 114
　　　　金利変動による期限前償還率の変化 ──────────── 116

4-4　ネガティブ・コンベキシティは期限前償還の変動により生まれる ── 117

4-5　PSJモデルで期限前償還率を計算する ──────────── 120

4-6　CMOはキャッシュフローを加工して期限前償還リスクを軽減するもの ── 123

4-7　米国で活発に取引されているストリップス債 ──────────── 125

4-8　商業用不動産を担保とした貸出を証券化したCMBS ──────── 128
　　　　RMBSとCMBSの特徴の違い ──────────── 128
　　　　　期限前償還リスクの違い／128　分散が効かないケースが多い／129
　　　　　個別物件への依存度が高い／129　事業の証券化に近い性質を持つ／
　　　　　129　テナントの重要性／129　案件の個別性が強い／131

第5章

不動産証券化の特徴としくみ

5-1　不動産投資信託（REIT）とは？ ──────────── 134
5-2　J-REITのしくみ ──────────── 137
　　　　投資法人とはどんなものか？ ──────────── 137

資金調達と物件取得 ——————————————————— 139

5-3 アセット・マネージャーとプロパティ・マネージャーの役割 — 143

5-4 デューデリジェンスと地震リスクへの対応 ——————— 146

5-5 価格の妥当性をどう判断するか ————————————— 148

5-6 スポンサーと投資家の利益相反 ————————————— 151

5-7 私募不動産ファンドとは？ —————————————————— 153

REITと私募不動産ファンドの違い ———————————— 153
REITは運用型、私募ファンドは固定型／153　REITでは見られない開発型という形態がある／154

GK-TKスキームとは何か ————————————————— 154
特定目的会社の使用 ————————————————————— 156
特定目的会社のメリット —————————————————— 158

5-8 集団投資スキームにかかる諸規制　金融商品取引法 ——— 160

集団投資スキームのしくみと特徴 ———————————— 160
自己募集／160　自己運用／161

TMK——現物投資スキームのしくみと特徴 ——————— 164
不動産特定共同事業とは？ ————————————————— 165

5-9 不動産ファンドにおける各種の指標 —————————————— 167

キャップ・レートで何がわかる？ ————————————— 167
LTVとDSCRで何がわかる？ ———————————————— 168
配当利回りとIRRで何がわかる？ ————————————— 169
NPVとNAVで何がわかる？ ———————————————— 171

5-10 開発型不動産ファンドは一般の不動産ファンドとリスクが異なる — 173

開発型不動産ファンドのリスク／173

第6章
債務担保証券の特徴としくみ

6-1 内部格付を使用して信用力を判定する ─────────── 178
 債務担保証券とは？ ───────────────── 178
 内部格付（社内格付）とは？ ─────────────── 179
 銀行の内部格付をどう見るか ─────────────── 180

6-2 ローン・ポートフォリオのリスクの見積もり方（1） ─── 182
 債務者が一社のときのリスク ─────────────── 182
 債務者数とリスクの関係 ───────────────── 183

6-3 ローン・ポートフォリオのリスクの見積もり方（2） ─── 187
 大口債務者への集中リスク ──────────────── 187
 債務者間の相関リスク ───────────────── 188
 相関に関する厄介な問題 ───────────────── 190

6-4 CBOにおける裏付資産の入れ替え ─────────── 192

6-5 シンセティックCDOとは？ ───────────── 194
 クレジット・デリバティブを裏付資産とするシンセティック・CDOとは ── 194
 CDSを裏付資産とするメリット ────────────── 198

6-6 シングル・トランシェCDOとは？ ─────────── 200
 シングル・トランシェとはどんな取引？ ──────────── 200
 シングル・トランシェ取引が可能な理由 ──────────── 201

6-7 ABS CDOとCDO^{2}の特徴と再証券化によるリスク ── 203
 ABS CDO、CDO^{2}とはどんな証券化商品？ ──────── 203

メザニンの価格特性 ──────────── 205
　　　再証券化によるリスクの増幅 ──────── 208
6-8　相関係数の推定の難しさがリスクコントロールの難しさにつながる ── 210
　　　そもそも、リスクはどうして生まれるのか？ ──── 210
　　　リスクが適切に評価できない理由 ────── 211

第7章 サブプライム・ショックと証券化の今後

7-1　証券化市場の急拡大とサブプライム・ローンの誕生 ──── 214
　　　2000年代における一大金融イノベーション ──── 214
　　　サブプライム・ローンとは？ ────────── 215
　　　政府の「住宅取得促進」という後押し ─────── 216
7-2　シャドー・バンキング・システムの拡大がバブル化を生んだ ── 218
　　　証券化が持つ危ない金融機能 ────────── 218
　　　不適切なインセンティブとモラル・ハザード ──── 219
7-3　大勢の人がサブプライム・ローンを組んだ理由 ──── 221
　　　人々はどのようにバブルに巻き込まれていったのか ── 221
　　　オプションARMが安易な借り入れを助長 ────── 222
7-4　証券化とSIVによるリスクの拡散 ──────────── 225
　　　問題が表面化するや否や欧州の銀行に被害が広がる ── 225

IKB産業銀行が巨額損失を公表 ———————————— 226

7-5 格付会社の過ちと人任せの投資家 ———————————— 228
　　　格付会社の利益相反問題 ———————————————— 228
　　　人任せの投資家 ——————————————————————— 230

7-6 リスク管理してもなぜ危機を防げなかったのか ———————— 232

7-7 価格の急落と失われる市場流動性 ———————————— 235
　　　市場流動性リスクが一気に表面化 ———————————— 235
　　　疑心暗鬼から破綻へ ——————————————————— 236

7-8 金融市場と住宅市場の悪循環 ——————————————— 237
　　　資金繰り難が危機を増幅 ————————————————— 237
　　　金融市場の悪化が住宅市場に波及する ——————————— 238

7-9 バーゼル2.5での規制強化 ———————————————— 240
　　　バーゼル3に先行して実施されたバーゼル2.5 ——————— 240
　　　バーゼル2.5における証券化商品への規制の枠組み ———— 241
　　　　証券化商品にかかるリスク計測の精緻化と厳格化／242　外部格付の利用に関する要件の強化／242　適格流動性補完／243　証券化のリスクにかかる情報開示の強化／243

7-10 バック・トゥ・ベーシック　証券化の未来 ———————— 244
　　　証券化はもう終わった?! ————————————————— 244
　　　証券化の未来 ——————————————————————— 245

装丁／竹内雄二
本文DTP／一企画

第1章
証券化とは何か

1-1
証券化の定義
複雑でリスクもあるがメリットも大きい

　「証券化（Securitization：セキュリタイゼーション）」は、定義が幅広く、様々なシチュエーションのもと、様々な意味合いで使われます。たとえば、銀行を仲介役とする間接金融から証券発行を中心とする直接金融への移行も、証券化という言葉で語られます。

　本書では、いわゆる狭義の証券化ビジネスを証券化と呼びます。その全体像や分類については次項の「証券化の分類」に譲るとして、ここではまず少し汎用的な定義をしておきましょう。

> 証券化の定義
> ある資産（または事業）が生み出すキャッシュフローと、それに付随するリスクを、有価証券もしくはそれに準じる形態で投資家に転嫁するしくみ

　金融には伝統的に、最終投資家の資金が直接、企業の株や債券に投資される「直接金融」と、預金などを通して銀行等の金融機関に預託され、その金融機関が自らの判断で出融資を行なう「間接金融」とがあります。

　証券化は、このうち直接金融に属するものと位置付けられますが、企業ではなく、その企業が有する債権などの資産に直接投資をするという点で、従来の伝統的な直接金融よりも、さらに直接的な金融形態といえ

ます。

　収益を生み出す資産そのものに直接的に出融資できるという特色から、証券化は様々なメリットをもたらす一方で、それを実現するには様々なしくみを介在させる必要があり、一般に証券化は非常に複雑なしくみになっています。よりシンプルな直接金融を実現させるために、多くの関係者を介在させ、より複雑なしくみを採用する必要があるのです。そのため、証券化は、組成するにも、投資するにも、より専門的な知識を必要とすることになります。

　さらに、時として複雑なしくみの中で、リスクが見えにくくなってしまうような危険性も内包しています。

　証券化はまた、銀行の融資と同様の機能を銀行を介さずに行なうという側面があることから、「シャドー・バンキング」といわれることがあります。様々な規制や監督にさらされる銀行とは違い、このシャドー・バンキングは全体像がつかみにくく、今日の金融行政にとって大きな波乱要因となっています。世界経済を揺るがしたサブプライム・ショックが、このシャドー・バンキングから生み出されたことは記憶に新しいところです。

　しかしながら、それらの問題点や課題を抱えつつも、証券化が現代金融ビジネスにおける最大のイノベーションの一つであり、浮き沈みはあるとしても、今後とも金融の大きな柱の一つとして重要な存在であり続けるだろうということも、また疑いようがありません。

　この複雑で、重要な金融手段を理解することで、企業にとっても、金融機関にとっても、投資家にとっても、まったく新しい視界が開けてくるはずです。証券化のしくみをよく理解し、そのリスクの本質を認識し、適切な使い方を知ることで、多くのメリットを受けることができるでし

ょう。

　それでは、次項以降で、まずは証券化の全体像を見ていくことにします。個々の用語やしくみについては、第2章以降であらためて説明します。少しわかりにくい部分もあるかもしれませんが、まずは全体的なイメージをつかむところからはじめていきましょう。

1-2 証券化の分類
3つの視点で特徴が見えてくる

　証券化は、以下の切り口で分類することができます。(1) 導管体の形態による分類、(2) 投資形態による分類、(3) 裏付資産による分類です（次ページ図表1-1、1-2）。以下、順に見ていきましょう。

(1) 導管体による分類

　「導管体 (conduit)」とは、「ABS (Asset Backed Securities：資産担保証券)」等を発行して投資家の資金を受け入れ、証券化の対象となる資産を所有する主体のことです。「SPV (Special Purpose Vehicle)」、あるいは「SPE (Special Purpose Entity)」とも呼ばれ、通常ペーパーカンパニーなどがこの導管体として使われます。二つないしは、それ以上のペーパーカンパニーが組み合わされて導管体となるケースもあります。

　導管体は意志を持たず、ただ資産から生み出されるキャッシュフローを投資家に配分するための存在であるため、この段階で課税されないような様々なしくみを持っています。ちなみに、資産が生み出すキャッシュフローが証券化の過程では課税されずに投資家にそのまま流れていくという性質を「導管性」と呼び、導管性を持つものという意味で導管体と呼ばれています。

図表1−1 証券化の分類（1）

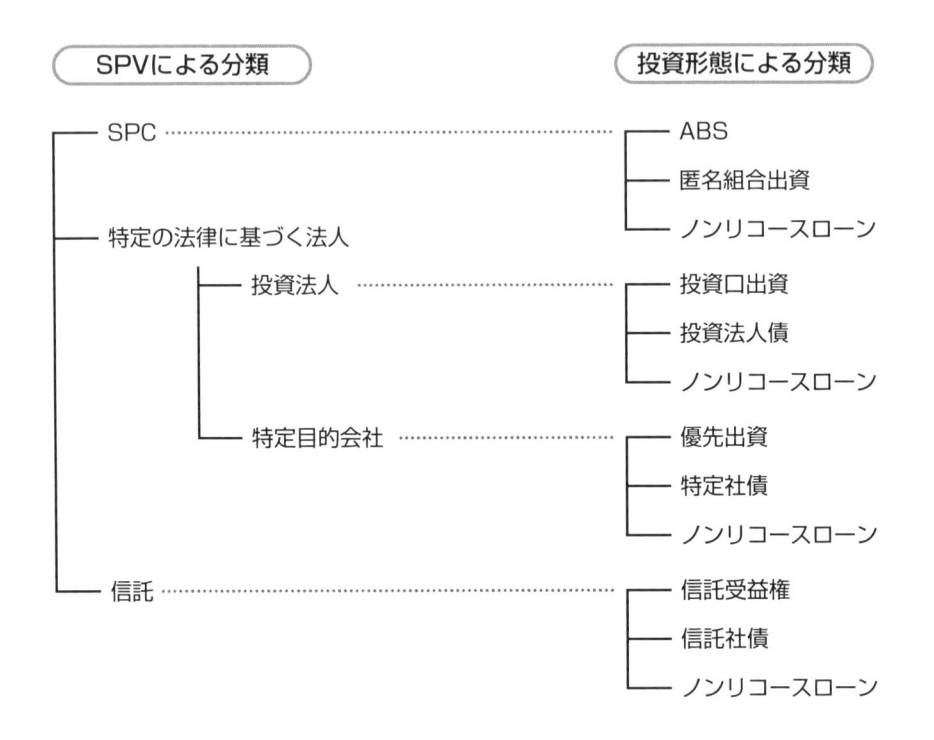

SPVによる分類
- SPC
- 特定の法律に基づく法人
  - 投資法人
  - 特定目的会社
- 信託

投資形態による分類
- SPC
  - ABS
  - 匿名組合出資
  - ノンリコースローン
- 投資法人
  - 投資口出資
  - 投資法人債
  - ノンリコースローン
- 特定目的会社
  - 優先出資
  - 特定社債
  - ノンリコースローン
- 信託
  - 信託受益権
  - 信託社債
  - ノンリコースローン

　一般的に、導管体には以下のような形態があります。

◎SPC

　「SPC（Special Purpose Company：特別目的会社）」とはABSを発行するなどして得た資金で証券化の対象資産を購入する目的で設立される企業です。ケイマンなどに設立されるリミテッド・カンパニーが有名ですが、国内で証券化が行なわれるときは「株式会社」や「合同会社」などが使われます。

図表１−２　証券化の分類（２）

原資産による分類

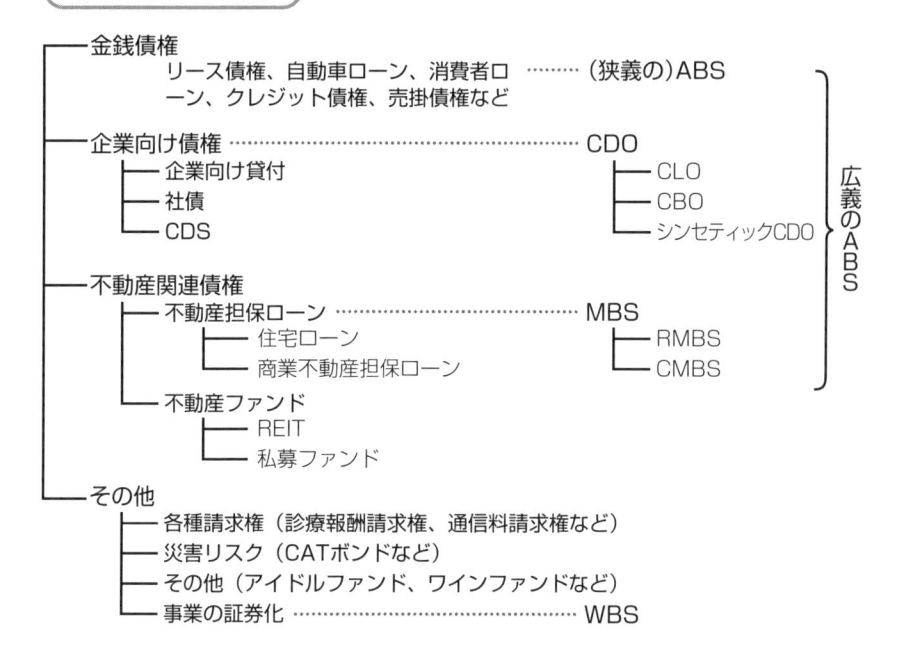

- 金銭債権
    - リース債権、自動車ローン、消費者ローン、クレジット債権、売掛債権など ……… （狭義の）ABS
- 企業向け債権 …………………………………… CDO
    - 企業向け貸付 ─ CLO
    - 社債 ─ CBO
    - CDS ─ シンセティックCDO
- 不動産関連債権
    - 不動産担保ローン ………………………… MBS
        - 住宅ローン ─ RMBS
        - 商業不動産担保ローン ─ CMBS
    - 不動産ファンド
        - REIT
        - 私募ファンド
- その他
    - 各種請求権（診療報酬請求権、通信料請求権など）
    - 災害リスク（CATボンドなど）
    - その他（アイドルファンド、ワインファンドなど）
    - 事業の証券化 ………………………………… WBS

（狭義のABS〜MBSまでを包括して）広義のABS

　「株式会社」には、負債が一定規模を超えると大企業と見なされるという規定があり、その場合、会社の機関設計に制約を受けます。また、会社更生法の適用を受けると裏付資産が更生債権に入れられてしまうため、証券化のSPCとしては好まれません。ただし、以前はSPCとして多用されていた「有限会社」は債券の発行ができなかったため、有限会社SPCとの組み合わせで株式会社SPCが利用されるケースがありました。
　一方、「合同会社」は機関設計が柔軟に行なえること、会社更生法の適用を受けないことという従来の有限会社の特徴に加え、社債の発行も

可能になっているのでSPCとしては最も使い勝手のいい法人形態といえます（図表1-3）。

いずれにしろ、実体的には証券化目的専用のペーパーカンパニーであり、これらをSPCと呼びます。

◎特定の法律に基づく法人

「資産流動化法（資産の流動化に関する法律）」で定められる「**特定目的会社（TMK）**」や、投信法（「投資信託及び投資法人に関する法律」）で定められる「**投資法人**」など、証券化を促進するための制度に基づいて設立される法人です。

たとえば、「不動産投資信託（REIT）」で導管体として使われているのは後者の投資法人です。もともと投資法人は証券化を前提として作られた制度なので、証券化の導管体として適した特性を持っていますが、法律に定められた様々な要件を満たす必要があります。

図表1-3　株式会社と合同会社の特徴と違い

	株式会社	合同会社
根拠法	会社法	会社法
出資者	株主	社員
最高意思決定機関	株主総会	社員総会
議決権者	株主	社員
業務執行者	取締役	社員
会社更生法の適用	適用あり	適用なし
社債の発行	発行できる	発行できる

◎信託

「信託」とは、財産の委託を受け、その財産から利益を受ける人（受益者）のために財産を適切に管理・運用するしくみのことをいいます。

信託にはもともと課税上の導管性があり、証券化の導管体として使用されることがあります。資産流動化法では、特定目的信託という証券化目的の信託制度の定めもあります。ただし、一般に信託では受益者が信託された財産をあたかも直接保有しているものとして扱われることが多く、会計上や税務上の事務手続きが煩雑となるため、必ずしも一般的な手段とはいえません。

なお、証券化では、導管体としての役割のほかに、対象となる資産の適切な管理を図る目的、あるいは不動産に関して不動産取引税を軽減する目的で、信託が利用されることが多くあります。この点については、第5章-2であらためて解説します。

(2) 投資形態による分類

投資家が証券化に対してどのような形態で投融資するのかは、導管体に何を使うかによってある程度は決まってきます。したがって、この分類は、先に説明した（1）導管体による分類とセットになっています。証券化の投資形態には、以下のような分類があります。

◎ABS（資産担保証券：Asset Backed Securities）

一般に、SPCが証券化対象資産を裏付けに発行する債券のことをいいます。「CP（Commercial Paper）」が発行されるケースもあり、その場合は「ABCP（Asset Backed Commercial Paper：資産担保コマーシャルペーパー）」と呼びます。投資家は、通常の債券（やCP）を購入するようにして簡単に投資することができます。ただし、金融機関のリスク

管理上は、一般の債券とは区別されることに注意が必要です（第7章－9）。

　SPC以外の導管体の場合でも、証券化対象資産を裏付けにした債券が発行されることがあり、これらも広義のABSといえますが、区別するために別の呼び方で呼ばれることが一般的です（後述の特定社債、信託社債など）。

◎ノンリコース・ローン

　証券化のスキーム（個々の証券化の組成のしくみのこと。「ストラクチャー」とも呼ばれる）の一環として、銀行やノンバンクなどが行なう融資のことです。

　「ノンリコース」とは非遡及型という意味で、弁済が担保となる資産のみに依存し、その資産が毀損して元利払いができなくなった場合にSPCその他の関係者に債権を遡及して請求しないというタイプの融資を指します。

　融資という形は取りますが、実質的にはABSへの投資と同様の効果を持ちます。

◎組合出資

　「組合」とは、共同で出資をして特定の事業を行なう契約を指します。組合事業の利益は組合員（組合契約の参加者のこと）に帰属するので、導管性を満たすことが可能です。

　組合には、民法で規定される「**任意組合**」、商法で規定される「**匿名組合**」、「投資事業有限責任組合契約に関する法律」で規定される「**有限責任投資事業組合**」などがあります（図表1－4）。

　不動産ファンドなどでは、このうち匿名組合が用いられるのが一般的です。組合事業の執行者（匿名組合では営業者と呼ぶ）としてSPCが

図表1-4　各種組合制度の特徴

	任意組合	匿名組合	有限責任投資事業組合
根拠法	民法	商法	投資事業有限責任組合契約に関する法律
出資者の責任範囲	無限責任	有限責任	有限責任を負う有限責任社員と無限責任を負う無限責任社員が存在
業務執行者	業務執行組合員または組合員の合議	営業者	無限責任社員
課税	構成員課税（パススルー課税）		

指定されるのが普通で、したがってSPC＋組合契約の組み合わせで導管体が構成されることになります。

◎投資口、投資法人債

REITなど投資法人が導管体に用いられる場合、投資法人は「**投資口**（**投資証券**）」を発行し、投資家は通常の株を買うようにして出資を行ないます。

投資法人は、投資法人債を発行することも可能ですので、投資法人債の購入による投資という形態を取ることもあります。

◎特定目的会社への出資、特定社債

証券化に特定目的会社が使われる場合、投資家は特定目的会社への優先出資、または特定社債への投資という形で投資を行なうことになります。

◎信託受益権

　信託を導管体として証券化が行なわれる場合、投資家は信託受益権の購入という形で投資を行なうことになります。信託財産を裏付けとして「信託社債」が発行されることもありますので、その場合は信託社債への投資という形態を取ります。

（3）裏付資産による分類

　証券化は、対象となる裏付資産の種類によっていくつかのカテゴリーに分類することができます。

◎金銭債権

　リース債権、自動車ローン債権、消費者ローン債権、クレジット債権、売掛債権などが裏付資産となります。

　証券化の対象となる資産の多くは本来、金銭債権なのですが、特定の企業向け債権（ローンや社債）、あるいは不動産担保ローン債権などは別ジャンル（後述のCDOやMBS）として扱われることが多いため、単に金銭債権という場合は、ここにあげたようなそれ以外のものを指すことが一般的です。

◎企業向け債権

　企業向け債権を証券化したものはとくに「CDO（債務担保証券：Collateralized Debt Obligation）」と呼ばれます。

　その中でも、企業向けローンを証券化したものは「CLO（ローン担保証券：Collateralized Loan Obligation）」、社債を証券化したものは「CBO（社債担保証券：Collateralized Bond Obligation）」といいます。

ABSを担保にした証券化商品「再証券化商品」も、このCDOに分類されます。また、「クレジット・デフォルト・スワップ（CDS）」というデリバティブは、社債やローンと同等の経済効果を持つため、このCDSをもとに証券化をすることができますが、こうしたものを「**シンセティックCDO**」といいます。シンセティックとは「（デリバティブによって）合成された」という意味を持ちます。

◎不動産関連債権

不動産関連の証券化は、不動産担保ローンを証券化した「**MBS（Mortgage Backed Securities）**」と、不動産そのものを証券化した「**不動産ファンド**」に分かれます。

前者のMBSには、住宅ローンを裏付資産とする「**RMBS（Residential Mortgage Backed Securities）**」とオフィス、商業施設などの商業用不動産を担保にした貸付を裏付資産とする「**CMBS（Commercial Mortgage Backed Securities）**」があります。

不動産そのものを証券化する不動産ファンドには、投信法にもとづく「**不動産投資信託（REIT；Real Estate Investment Trust）**」と、それ以外の形態による「**私募不動産ファンド**」があります。

◎その他

キャッシュフローの見積もりがある程度できるものであれば、原理的にはどんなものでも証券化が可能です。したがって、実際には様々なものが証券化されています。

上記の分類以外で実際に見られる証券化の例としては、診療報酬や通信料などの各種請求権を証券化したもの、地震などの災害リスクを証券化したもの（厳密にいうと災害保険や災害デリバティブを原資産とした仕組債で、カタストロフィーを意味するCATを冠して「**CATボンド**」

と呼ばれる)、さらには「アイドルファンド」や、「ワインファンド」などの変わり種もあります。

　また、特定の事業が生み出すキャッシュフローを裏付けとした「**事業の証券化（Whole Business Securitization；WBS）**」というものもあります。資産ではなく事業を証券化するという点で他の証券化と性質が異なりますが、資産の証券化の中でもCMBS、不動産ファンドやアイドルファンドなど、事業証券化に近い性質を持つものもあります。

1-3
証券化の歴史
米国発の魅力あふれる投資商品

　証券化という場合、狭い意味では、1980年代以降に米国で生まれ、発展してきた民間金融機関による証券化を指します。しかし、米国、あるいは他の国でも、それ以前から独自の証券化制度を発展させてきたケースが多く見られます。証券化の概念そのものは比較的古くから存在したことがわかります。

証券化大国米国はモーゲージ市場の拡大から始まった

　まず、証券化大国の米国ですが、民間による証券化が発展するよりもかなり前から、「モーゲージ証券」と呼ばれる住宅ローン担保債券の市場が整備されてきました。モーゲージ証券の市場は非常に大規模で、米国では国債に次ぐ地位を占めるようになっています。

　米国のモーゲージ（不動産担保ローンのこと）流通市場の歴史は、大恐慌の余韻が残る1930年代にまでさかのぼります。1938年には、住宅ローンへの資金流入を促進するため、「ファニーメイ（FNMA、連邦住宅抵当公庫）」という機関が設立され、民間ローン会社から住宅ローンを取得し、これを転売するという業務を開始しました。

　これはローンそのものを売買する市場を整備するという動きだったのですが、これが後のモーゲージ証券市場の創設につながっていきます。

第二次大戦後、住宅ローンを担保とする債券（モーゲージ証券）が組成・流通するようになると、その拡大を後押しするように公的な制度も順次整備され、先述のファニーメイも姿を変えていきます。

　1968年にはファニーメイの一部が分離されて「ジニーメイ（GNMA：連邦政府抵当金庫）」となり、モーゲージ証券の元利保証業務を開始します。ちなみに、ジニーメイは、それまでのファニーメイと同様に政府機関です。ジニーメイを切り離した後のファニーメイ自体は民営化され、1970年に民間会社として新たに設立された「フレディーマック（連邦住宅金融抵当公庫）」とともに、住宅ローンを買い取って証券化するという業務の担い手となっていきます。

　米国の住宅ローンには、様々な公的制度による保証や保険が付与された安全性の高いものがあり、これらを証券化したものにさらにジニーメイの保証が付きます。したがって、ジニーメイが保証した債券は米国債と同等の信用力を持ち、安全な長期金融資産として、米国の証券市場で大きな役割を果たしています。

　ファニーメイとフレディーマックは、公的保証または公的保険がついていない通常の住宅ローンを買い取って、それを担保としたモーゲージ証券を発行します。債券の元利払いはそれぞれの会社によって保証されます。

　ファニーメイとフレディーマックはいずれも民間会社ですが、ファニーメイは元政府機関、フレディーマックも政府の後押しを受けて設立された会社であり、いざというときには政府が支援するだろうという前提のもと、市場では準公的機関（「政府支援企業、GSE；Government Sponsored Enterprises」）として扱われてきました。そのため、この両社が発行するモーゲージ証券も高い信用力を有する債券として米国の証券市場で大きな役割を果たしてきたのです。

1980年代以降に米国で発展してきた民間証券化は、こうしたモーゲージ証券市場の成功に触発され、民間銀行でも証券化商品を発行したいというニーズから生まれてくることになります。それが、以下で紹介する「CMO」です。

　ちなみに、GSEといっても、政府の支援は明示されたものではなく、「経営危機になったときは政府が支援するはずだ」という暗黙の期待に基づくもので、市場では〝暗黙の政府保証〟と呼ばれてきました。2007〜8年のサブプライム・ショックで、実際にGSE2社が経営危機に陥ると、結局2社は政府の管理下に置かれ、債券の弁済に支障が出ないように公的資金が注入されることになります。〝暗黙の政府保証〟は実際に実施されたということになります。

CMOの誕生

　先ほども少し触れましたが、こうした基盤の上に、1970〜80年代にかけて、民間の投資銀行などが発行する民間版のモーゲージ担保証券が生まれてきます。ただ単に（純粋）民間金融機関が発行するというだけでなく、投資家のニーズをとらえるための新しいしくみも生まれてきました。

　従来のモーゲージ証券では、住宅ローンの元利払いが基本的にはそのまま投資家に流れるようなしくみになっています。これを「**パススルー証券**」といいます。パススルー証券は最もシンプルな証券化手法なのですが、投資家から見ると、キャッシュフローが確定しておらず、パススルー証券ならではのリスクを抱えたり、管理がしにくいというデメリットがあります。

　そこで、民間版モーゲージ証券では、投資家が投資しやすいように、

あるいは管理しやすいように、キャッシュフローを変換したり、整形したものが登場します。こうした目的のため、一つの裏付資産から、満期、利率、返済の優先度などが異なるいくつかのクラス（トランシェ）に分けて債券を発行するというしくみが取り入れられました。こうした証券化商品を「ペイスルー証券」といいます。そして、ペイスルー型のモーゲージ証券を「CMO（Collateralized Mortgage Obligation：不動産抵当証券担保証券）」と呼びます。

　従来、証券化段階では課税が免除されるという導管性はパススルー証券にしか認められていませんでしたが、CMOの登場を機に税制が見直され、1986年にREMICs（レーミック：Real Estate Mortgage Investment Conduits）という制度が創設されました。これは一定の要件を満たしたCMOのSPVについて、証券化段階での課税を免除するしくみです。こうした税制面でのサポートもあり、CMOは急拡大していきます。

　このCMOがその後の証券化の原点です。このCMOの技法が、住宅ローンだけでなく様々な資産を対象に使われるようになり、急速に証券化ビジネスが発展していくことになります。

不良債権の証券化

　証券化ビジネスが様々な資産を対象に大きく拡大していく一つの契機として、「米国RTC（整理信託公社：Resolution Trust Corporation）」による不良債権の証券化があげられます。

　米国では、1990年代初頭に多くの「S&L（貯蓄貸付組合：Savings & Loan Association）」の経営危機が表面化しました。S&Lは、住宅ローン専門の貯蓄金融機関です。RTCはこれらS&Lが抱えていた不良化した住宅ローンなどを買い取る目的で設立されました。そして買い取った

資産を様々な手段で回収していくわけですが、その一つの手段として証券化が採用されました。

不良債権からでも魅力的な投資商品を作り出すことができるという証券化のメリットがここで遺憾なく発揮されます。

ちなみに、不良債権の証券化はその後、銀行の不良債権問題で苦しんでいた日本に持ち込まれ、日本に米国型証券化手法が根付く大きなきっかけとなっています。

その他の国での発展

米国以外ではドイツを見てみましょう。ドイツでは、「ファンドブリーフ債」と呼ばれるものが古くから大きな市場を形成してきました。

ファンドブリーフ債は、公共セクター向けローンや不動産担保ローンを担保として州立銀行や抵当銀行が発行する債券です。担保資産がもとの所有者から切り離されて証券化される狭義の米国型証券化とは違って、担保資産の所有者がその資産を所有したまま債券を発行するもので、「担保付社債（カバード・ボンド）」として位置付けられるものです。

こうした担保付社債は、ドイツだけでなく、日本など他の国でも見られますが、ドイツではファンドブリーフ債が国債に次ぐ大きな市場を形成してきたというところに特徴があります。

債券の元利払いが担保資産だけに依存せず、発行銀行の信用力によっても保護されるという点で米国型証券化（狭義の証券化）とは異なりますが、サブプライム・ショック後の証券化市場混乱の中で安定した存在感を示し、狭義の証券化商品の補完的な存在として注目を集めています。

最後に日本を見てみましょう。

日本でも、抵当証券という独自の証券化制度が古くから存在していま

す。これは、不動産担保ローンを小口化したもので、やはり担保資産だけでなく発行会社の信用力にも依存するという点ではカバード・ボンドに近いといえます。しかし、発行者の信用力が必ずしも高くはないこと、転売ができないことなど、しくみ上の問題があり、実際に抵当証券発行会社が倒産して投資家が損失を被るケースもあって投資家保護の観点で大きな問題を残しました。

また、日本にはカバード・ボンドにあたる担保付社債も存在しますが、ドイツのファンドブリーフ債のように巨大な市場を形成するには至りませんでした。

1990年代以降、こうした各国独自の制度とは別に、CMOを原点とする米国型証券化が世界的に急速に普及していきます。たとえば、日本では先述の通り、1990年代後半以降に、銀行が抱える不良債権を証券化する動きが活発となり、これが日本の証券化市場を一気に拡大させるきっかけとなりました。

そして、2000年代になると、様々なバリエーションを生み出しつつ、米国型証券化が世界各国でありとあらゆる資産を対象に急速に拡大していくことになります。とくに不動産担保ローンや不動産そのものの証券化が世界的にブームとなり、そのブームの中でやがてサブプライム・ショックを迎えるのです。

現在、世界の証券化市場はサブプライム・ショックのダメージからまだ立ち直れていません。ですが、証券化そのものが消えてなくなることはなく、その重要性は依然として変わらないと思われます。ブームの陰に内在していた様々な問題点は検証していく必要がありますが、今後サブプライム危機の教訓を生かして、健全な証券化市場の拡大が図られることが大いに期待されるところです。

証券化市場の規模

　証券化の母国である米国市場では、1990年代に入り、MBS以外のABSの発行が急増しています（**図表１－５**）。2000年代に入るとさらに増加が進み、2005～6年には年間7,000億ドル以上のABSが発行されています。これ以外にMBSが年間２兆ドル程度発行されていますので、いかに巨大なマーケットであるかがわかります。

　これに比べると、日本での市場規模はそこまで大きくはないですが、2006年度にMBSを含めて10兆円近くが発行されており、かなりの規模

図表１－５　米国ABS発行額の推移（MBS、CDO除く）

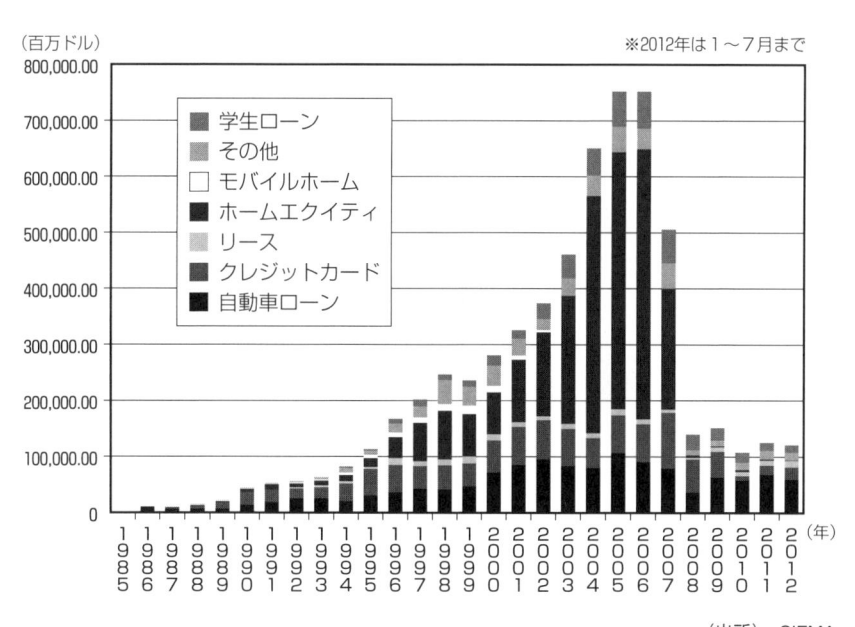

（百万ドル）／※2012年は１～７月まで

凡例：学生ローン／その他／モバイルホーム／ホームエクイティ／リース／クレジットカード／自動車ローン

（出所）SIFMA

のマーケットになっています（図表1-6）。

　その後のサブプライム・ショックとリーマン・ショックによる落ち込みもまた急激でした。米国ではMBSがなお年間1兆ドル以上発行されていますが、それ以外のABSに関しては発行額が大きく低下したままです。

　それでも自動車ローンをはじめ一定の金額が発行され続け、年間では1,000億ドル以上の発行が続いています。大きく減少したとはいえ、米国ではそれなりに大きな市場規模を維持しているといえます。とくに2012年は7月までの数字ですが、すでに1,000億ドルを超えており、復

図表1-6　日本ABS発行額の推移

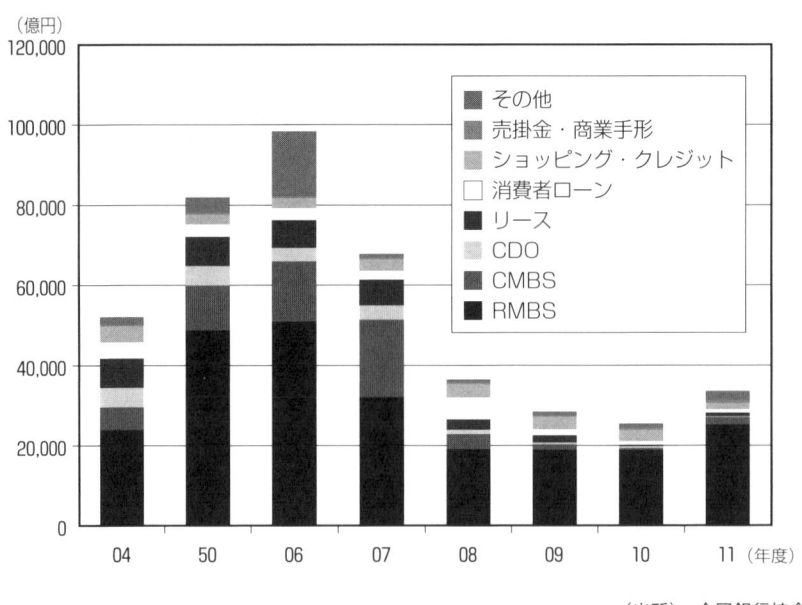

（出所）　全国銀行協会

調の兆しを見せはじめています（**図表１－５**）。

　日本でも同様に、2007年以降発行額が急減し、年間２兆円台にまで減少しましたが、2011年度にはRMBSを中心にやや復調し、年間３兆円台の発行金額にまで戻ってきています。

　リスクが高いストラクチャーの商品は壊滅的な打撃を受けて、回復の兆しも見られませんが、ベーシックなタイプの証券化を中心に、証券化市場は落ち着きを取り戻し、少しずつですが復調しつつあることがうかがえます。

1-4
なぜ証券化をするのか？
様々な立場でのメリットがある

原債権者のメリット

　証券化の対象となる資産（債権等）をもともと所有している当事者を「オリジネーター（原債権者）」といいます。

　たとえば、クレジット債権（カードローンなど）の証券化であればその債権を保有するクレジットカード会社が、企業向けローンであれば貸出をしている銀行がこのオリジネーターにあたります。

　厳密にいうと、証券化にはオリジネーターが所有する資産を証券化する「バランスシート型」と呼ばれるもののほかに、投資銀行など組成業者が証券化商品を組成するために資産を市場で買い集めてから証券化する「アービトラージ型」と呼ばれるものがあります。証券化においてオリジネーターが主体的にかかわることになるのは、もちろん前者のバランスシート型です。

　さて、このバランスシート型証券化では、オリジネーターにどのようなメリットがあるのでしょうか。

　それは、オリジネーターが所有する資産を証券化することによって、通常の資金調達方法とは異なる新たな資金調達が可能になるという点です。

通常の企業の場合、資金調達の手段としては、株式発行、社債発行、銀行借入などがあります。それらをどう組み合わせていくのかはまさにその企業の財務戦略なのですが、そこには様々な制約もあります。

たとえば株式の発行は、一般に成長戦略のための資金調達か、あるいは大規模な損失によって資本が毀損してしまった場合の再調達にあてられます。ただし、株式の発行は既存の株主価値を薄めてしまう（希薄化）ため、いつでも企業の都合で自由に発行できるというものではありません。とくに損失が発生して資本が毀損した場合、何の説得材料も持たずに株式を新たに発行しようとしても投資家が受け入れてくれません。株式発行による資金調達には、企業の成長戦略と、それに対する投資家の信頼が不可欠なのです。

より機動的な資金調達方法としては社債や銀行借入などの負債性の資金調達があります。ただし、資本（株式による調達）とは違って、負債（社債や借入による調達）は元利金を返済するという約束で資金を調達するものですから、当然その企業の信用力に大きく左右されることになります。

たとえば社債では、一定以上の企業規模があり、十分な信用力を持っている企業として認められなければ、そもそも発行自体が困難です。銀行借入の場合は、もっと間口は広いのですが、銀行の審査を通らなければ借りられませんし、信用力に応じて利率など融資条件に差が出てきます。また、多くの場合、銀行は担保を取りますので、融資を受けるには担保が必要ということになります。

たとえば良質の資産を持っているが、企業としてはそれほど信用力が高くない企業を考えてみましょう。

こうした企業では、社債の発行が難しかったり、銀行借入にも様々なハードルが課せられることになります。借入利率も高くなるでしょうし、

担保も取られます。そうであれば、所有する良質の資産を直接証券化すれば、もっと機動的に、もっと好条件で資金を調達することができるようになります。

　これはあくまでも一例です。証券化のメリットは、良質の資産を持っているが信用力が低いという企業だけにとどまりません。たとえば、銀行の不良債権の証券化の場合を見てみましょう。
　銀行は基本的に預金で資金調達をして企業への貸出を行なっています。そして、預金は基本的に短期の負債です。企業への貸出が不良債権化すると、返済が繰り延べられたり、回収に時間がかかったりして、貸出がいわば塩漬けの状態になります。いつ引き出されるかわからない預金による資金調達で、いつ帰ってくるかわからない資産を賄うというのは財務的には極めて不安定で、望ましくない状況といえます。
　そうした塩漬けの資産を証券化すれば、①不良債権が銀行のバランスシートから切り離され、②不良債権を維持する資金は証券化を通じて別の投資家が提供する、という形になり、預金を塩漬け資産にあてなくてもいいようになるのです。

　要するに、株式発行、社債発行、銀行借入などの伝統的資金調達方法に加えて、所有する資産を証券化するという新たな資金調達手段を持つことによって、企業はより機動的で最適な資金調達を追求することができるようになります。これが、オリジネーターにとっての証券化の大きなメリットです。
　また、資産をオフバランス化（オリジネーターのバランスシート〜貸借対照表〜から切り離すこと）できるという点も大きなメリットです。先ほどの不良債権の例を取ると、不良債権を保有していること自体がその企業への評価に影響していきます。

もちろん、きれいさっぱりと売却してしまえば不良債権をオフバランス化できるのですが、不良債権の束をそのままそっくり売却するのは至難の業ですし、借主企業との関係をきれいさっぱりと切ることが難しいという事情もあるでしょう。こうしたときに証券化を使えば、不良債権をオフバランス化することができ、またサービサー（第2章－1、3参照）という形で借主企業とかかわりを持つこともできます。

投資家のメリット

　投資家にとって、証券化は新たな投資対象を生み出してくれるというメリットがあります。
　たとえば、企業が持つ特定の資産に注目して株や債券に投資したとしましょう。しかし結局、その企業が行なう他の事業や他の資産の影響を受けて思い通りの投資収益を得られないということはよくあることです。証券化は、投資したい資産に直接投資ができるため、そうした余計なリスクを減らしてくれるのです。

　ある投資家が都心の特定地域の賃貸マンションに投資したいと考えたとします。それでは賃貸業を営む不動産会社の株を買えばいいかというと、そうした不動産会社の株は、その会社が営む他の地域での賃貸マンション事業、あるいは賃貸マンション以外の様々な事業、その会社が持つ他の資産、そして、その企業経営者の時々の経営判断などによって株価が大きく変動することになります。仮に、その投資家が投資をしたかったエリアのマンション賃貸事業が好調に推移していても、それがその企業の株価動向にダイレクトに反映されるわけではないのです。その点、特定地域の賃貸マンションを集めた不動産ファンドに投資すれば、特定事業の収益を直接得ることができます。

証券化は、優良な資産にダイレクトに投資できる機会を生み出すというだけではありません。優良ではない資産から魅力的な投資対象を生み出すこともできます。

　たとえば、不良債権はその名の通り不良な資産です。しかし、これを適切なスキームで証券化することができれば、魅力的な投資商品を生み出すことが可能です。不良債権の証券化によって、リスクは高いが大きなリターンを期待できる商品を作り出すことができるのは当然として、不良な資産から安全性が高く利回りもいい投資商品を作り出すこともできます。

　米国のサブプライム・ローンとは、優良ではない住宅ローンのことです。そのサブプライム・ローンから優れた投資商品を生み出すことができるというのが、そもそものサブプライム・ローンの証券化の始まりだったのです。後に危機に陥ったとはいえ、サブプライム・ローンの証券化がすべて、でたらめだったわけではありません。

　もっとも、この証券化の大きなメリットだったはずのものが、結局は様々な行きすぎを生じさせて、大変な事態を招いたわけですが、その点については第7章で見ていきます。

　さて、不良債権からも安全な投資商品が生み出されるように、証券化は普通なら投資できない対象に投資する機会を提供してくれます。大きなポートフォリオを持つ投資家には、投資対象の性質をできるだけ多様化したいという分散投資のニーズがあります。しかし、その一方で、それぞれの投資家には許容できるリスクの大きさが決まっています。

　たとえば、適正な価格で不良債権に投資できれば分散効果を得られるという場合でも、不良債権に投資すること自体はリスクが大きすぎて許容されないというケースがあります。

　しかし、証券化なら、通常リスクの度合いが異なる複数の債券が発行

されるため、裏付資産は不良債権だけど、安全性が高くて格付の高い部分に投資する、ということが可能になってくるのです。

つまり、投資家にとって証券化は、裏付資産の性質とリスクの度合いについて、投資家が最も好ましいと思う組み合わせを持つ投資対象を選択できるということになるのです。

また、一般的に、証券化商品は他の一般的な債券に比べて、同程度の安全性（たとえば、格付が同じ）でも利回りがやや高くなる傾向があります。

これは、証券化の対象となる消費者向けローンや小口債権にはリスクを上回るリターン（超過リターン）が含まれていて、証券化によってその超過リターンを投資家に配分できるからだと考えられます。もっとも、結局これは裏付資産の質と取得価格に左右されます。あくまでも良質の資産を適切な価格で証券化した場合に、そうしたメリットが現われやすくなるということなのです。

組成業者のメリット

証券化の組成業務は、組成業者に大きな報酬をもたらします。

バランスシート型の証券化では、組成業者は、オリジネーターと投資家の双方のニーズをくみ上げながら、証券化のスキームを作り上げていきます。アービトラージ型の証券化では、投資家が望む商品を作り出すために、自ら資産を買い集めて、それをもとに証券化商品を作り出していきます。

これらの業務を行なう組成業者は、主に銀行や証券会社などですが、とくに欧米の投資銀行（インベストメント・バンク）が多くの大型案件を手掛けていて、マーケット・リーダー的な存在となっています。

ちなみに、投資銀行とは、もともと米国でホールセール（市場取引や大企業間の取引）の証券業務を行なう証券会社のことを指し、ゴールドマン・サックスやモルガン・スタンレーなどが有名です。米国での証券化の歴史においては、ソロモン・ブラザーズ（のちにシティグループに吸収された）という投資銀行が大きな役割を果たしました。

　証券化は、とくに大型の案件になると、非常に広範で複雑な組成業務が発生し、その分組成業者に落ちる手数料は莫大なものとなります。自ら資産を買い集めてくるアービトラージ型やデリバティブを使ったシンセティック型になると、証券化の対象となる資産を集めてくる段階でトレード収益（簡単な例では市場で買う値段と証券化のために提供する価格の差）を得ることもできます。
　これらの大きな報酬が、証券化市場を急拡大させ、様々なイノベーションを生むインセンティブになってきたわけです。そして、それが無理な商品組成につながり、サブプライム・ローン問題の大きな要因となったともいわれています。この点についても、のちほど第7章-2で触れることにしましょう。

　いずれにしても証券化は、オリジネーターにとっても、投資家にとっても、組成業者にとっても、大きなメリットを生み出します。適正な証券化が行なわれれば、ゼロサムゲームではなく、関係者すべてがハッピーになることもできます。それが、証券化が急速に発展してきた最大の背景です。
　サブプライム・ショックによって証券化にともなう問題が大きくクローズアップされましたが、それは証券化そのものというよりも、証券化が適切に行なわれなかったことによって発生したものととらえるべきでしょう。適正に組成されるならば、証券化のそもそものメリットは失わ

れることはありません。それこそが、今後とも証券化が現代金融の主要なツールとして発展し続けるだろうと思われる大きな理由なのです（図表1－7）。

図表1－7　各立場による証券化のメリット

オリジネーターのメリット	・資産をオフバランス化できる （自己資本比率の改善、負債の削減、財務の不安定さの改善） ・新たな資金調達手段（資金調達手段の多様化） ・借入コストの削減
投資家のメリット	・新たな投資手段の獲得 ・資産の性質と安全性の組み合わせを選べる ・同じ安全性でも高い利回りを得られる（ことがある）
組成業者のメリット	・高い報酬 ・（アレンジだけであれば）ROEの向上 ・先進的な金融機関としてのイメージ

1-5
事業が生み出すキャッシュフローを裏付けとする事業の証券化

　証券化は基本的に、キャッシュフローを生み出す資産（金銭債権や不動産など）を証券化するものですが、証券化には他に「**事業の証券化（WBS；Whole Business Securitization）**」があります。この章の最後に、この事業の証券化について簡単に説明しておきます。

　事業の証券化は、事業が生み出す将来のキャッシュフローを裏付けとして行なう証券化です。実際にその事業を行なう執行者（オペレーター）の能力に依存する割合が大きいという特徴があります。
　事業の証券化は比較的新しい技術ですが、性質が似たものは以前からありました。
　たとえば、「プロジェクト・ファイナンス」は、ある企業が行なう特定の事業に限定してファイナンスを行なうものです。事業の証券化は、このプロジェクト・ファイナンスに証券化の技法を適用したものともいえます。
　また、「LBO（Leveraged Buy Out）」は、買収企業を担保にした借り入れで企業買収を行なうものです。このLBOと同様の効果を実現するために事業の証券化が使われるケースがあります。
　また、資産の証券化の中でも、CMBSや不動産ファンドなどは、個別の不動産のオペレーション（リーシングや賃貸管理）によって、はじめ

て証券化の返済原資であるキャッシュフローが生み出されますので、事業の証券化と非常に似通った性質を持っています。ホテルの証券化を思い起こすと、とくにそういえるでしょう。ただし、これらの証券化ではやはり資産の質が決定的な役割を果たします。これに対し、オペレーションの比重が高い場合が事業の証券化といえます。

事業の証券化のしくみ

　事業の証券化は、とくに個別性が強く、案件によってストラクチャーも千差万別ですが、大まかにいうと、次の図表１－８のような三つのパターンに分けることができます。

　まず、最初のケース（１）では、もともとの事業者（オリジネーター）が事業用資産を保有したままで、事業の執行もします（オペレーターを兼ねる）。証券化で集めた資金は、オリジネーターに担保付融資として貸し出されます。担保になるのはその事業を行なううえでの事業用資産です。投資家の資金を集めるSPCは、事業そのものは行なわず、ただオリジネーターへの貸付だけを行ないますので、「レンダーSPC」と呼ばれます。

　これだけだと、プロジェクト・ファイナンスと変わりません。事業の証券化では、オリジネーターが経営破綻したり、事業の運営がうまくいかないときに、事業用資産を接収して他のオペレーターに交代させるなど、投資家保護のためのしくみを組み込むことになります。

　そうした点では、オペレーターをオリジネーターから切り離しやすくするほうがスキームとしてはスムーズといえます。これが図の（２）のケースです。

　このケースでは、オリジネーターが証券化対象事業専用のオペレーシ

図表1-8 事業の証券化のしくみ

(1) 担保付貸出型

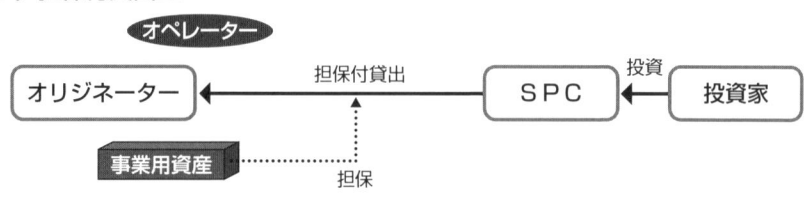

オペレーター

オリジネーター ←――担保付貸出―― SPC ←――投資―― 投資家

事業用資産 ······ 担保

(2) オペレーター子会社＋担保付貸出型

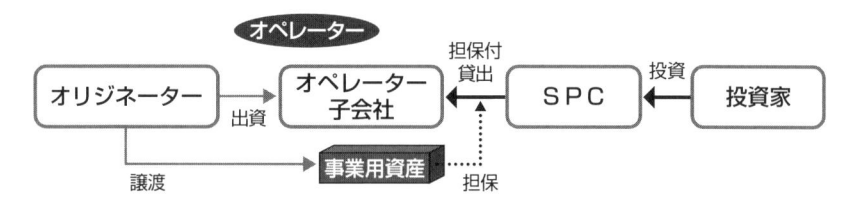

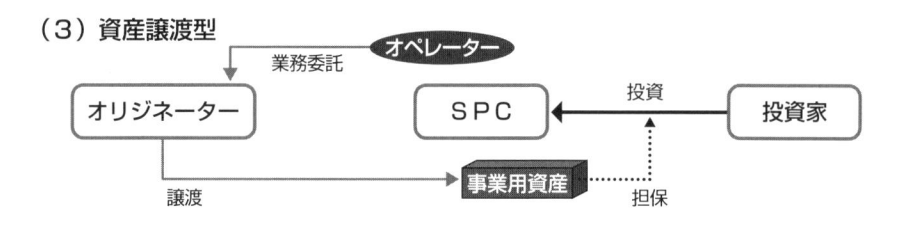

オペレーター

オリジネーター ――出資――→ オペレーター子会社 ←――担保付貸出―― SPC ←――投資―― 投資家

――譲渡――→ 事業用資産 ······ 担保

(3) 資産譲渡型

オペレーター

オリジネーター ←――業務委託―― / SPC ←――投資―― 投資家

――譲渡――→ 事業用資産 ······ 担保

ョン会社を作って、そこに事業用資産と営業権を譲渡します。投資家の資金を集めたSPCは、そのオペレーション会社に対して、事業用資産またはオペレーション会社の株式を担保に貸し付けをします。このケースでもSPCはレンダーSPCです。オペレーション会社を別会社にしているので、いざというときにその経営権を握り、他のオペレーターに切

り替えることが容易になります。

3番目のケース（3）は、より証券化の特徴を生かしたスキームです。SPCがオペレーションを行ない、そこに事業用資産や営業権を譲渡します。実際のオペレーションはオリジネーターに委託することになりますが、いざというときには委託契約の解除によりオペレーターの切り替えがさらにしやすくなります。

日本での事例

日本では、事業証券化の最初の事例は、2002年、熱海ビーチラインの有料道路事業を証券化した案件といわれています。その後、ゴルフ場運営事業、パチンコホール運営事業、携帯電話事業などが証券化されています。

第2章
証券化の特徴とリスク

2-1
倒産隔離とは？
SPCの倒産防止

　証券化はディールごとの個別性が強いので、いくつかの代表的な商品について次章以降で詳しく見ていくことにします。その前に、この章では、証券化一般の特徴的なしくみである（1）倒産隔離と（2）信用補完の考え方を見ていくことにしましょう。

　最初に、「**倒産隔離（バンクラプシー・リモート：Bankruptcy Remote）**」とは、証券化商品の価値や信頼性が特定の関係者の信用力に依存しないようにするしくみのことです。
　まず、証券化商品の発行体であるSPC（第1章-2参照）が倒産して証券化のしくみ自体が崩壊するのを防がなくてはなりません。
　オリジネーター（原債権者）が倒産をしたときにも、証券化対象資産を保護する必要があります。
　また、「**サービサー**（証券化された債権の回収を行なう事業者。第2章-3参照)」が倒産したときのリスク回避のしくみも必要です。それらを「倒産隔離」と呼びます。

SPCの倒産防止

◎SPCの出資者や経営者による倒産手続きの防止

　会社の倒産手続きを申し立てることができるのは、会社の出資者、会社自身やその経営者、そして債権者などです。一般には債権者が申し立てるケースが一般的ですが、まず、出資者や経営者が申し立てる場合を考えてみましょう。

　例として、株式会社をSPCに使うケースを考えます。株式会社には株主がいて、株主に選任される取締役がいます。この株主や取締役は、会社が立ち行かないと判断すれば各種の倒産手続きを申し立てることができます。ところが、証券化では、SPCは投資家のために裏付資産を保有する箱のような存在ですから、勝手に倒産手続きに入られる余地を残してしまうと、安定したスキームを組むことができません。

　SPCとなる株式会社が資本関係を通じて誰か（たとえばオリジネーター）の支配下にある場合は、こうした可能性を排除できないので、支配関係をいかに断ち切るかがポイントになります。

　そこで、国内で証券化されるケースだと、一般社団法人（海外だと「慈善信託：チャリタブル・トラスト」という制度が使われるケースが多い）をSPCの株主にするというしくみが用いられます。

　株式会社では出資者である株主が会社の議決権を持ちますが、一般社団法人の場合は、出資者である基金拠出者と議決権者（社員）を分離することができます（次ページ図表２－１）。

　通常、一般社団法人の社員には中立的な会計士や弁護士が選任され、SPCの親会社である一般社団法人の出資者がSPCを支配するのを断ち切ります。一般社団法人の出資者の地位が他の第三者に移ったときも、

図表2-1 一般社団法人の特徴

	株式会社	合同会社	一般社団法人
根拠法	会社法	会社法	一般社団法人及び一般財団法人に関する法律
出資者	株主	社員	基金の拠出者
最高意思決定機関	株主総会	社員総会	社員総会
議決権者	株主	社員	社員
業務執行者	取締役	社員	理事
会社更生の適用	適用あり	適用なし	適用なし
社債の発行	発行できる	発行できる	発行できない
備考			基金の供出者や社員に利益を分配することを目的としない社団

(出資者と議決権者の欄に「異なる!」と注記)

この制度があればSPCへの影響を防ぐことができます。

　一般には、SPCには合同会社が使われることのほうが多いのですが、以上の議論の枠組みは合同会社SPCの場合でも変わりません。合同会社では、出資者（議決権者）が社員となって業務執行権を持ちます。株式会社のように議決権者と業務執行者が分かれておらず、一体となっているところが合同会社の特徴ですが、出資者が会社を支配すること自体は変わりません。一般社団法人を合同会社の出資者とすれば、合同会社SPCの支配権をオリジネーターなどの関係者や、不都合な第三者が握る事態を防ぐことができます（図表2-2）。

　ちなみに、2008年に「一般社団法人及び一般財団法人に関する法律」が施行される前は、SPCの親会社として中間法人法にもとづく（有限責

図表2-2　一般社団法人を使って支配関係を断絶する

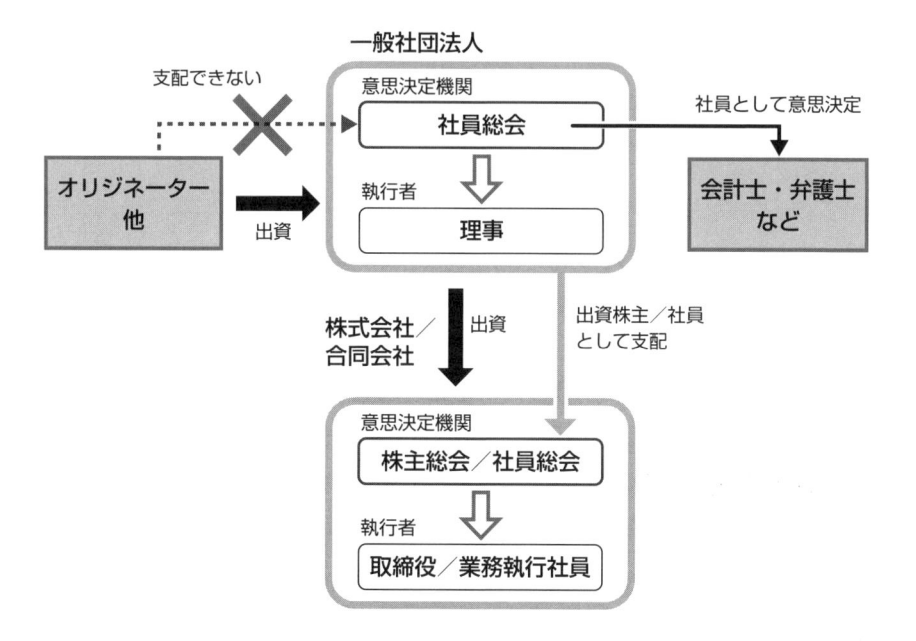

任）中間法人という法人が使われていました。2008年以降は中間法人法が廃止され、同様の性質を持つ一般社団法人が使われるようになっています。

　さて、SPC（株式会社の場合）の取締役もSPCの倒産手続きを申し立てることができました。そこで、SPCの取締役にも中立的な会計士や弁護士、一般には親会社である一般社団法人の社員となっている会計士や弁護士を取締役に選任します。合同会社の場合には、社員には法人も就任することができるので、親会社である一般社団法人がそのまま合同会社SPCの社員となり、会計士や弁護士を業務執行者に任命します。

さらに、SPCの親会社（一般社団法人）や経営者（株式会社なら取締役、合同会社なら社員）などの関係者からは、念のため、倒産申し立てをしない旨の誓約書を徴求するのが一般的です。

こうした誓約書の法的有効性については議論のあるところですが、実務上は様々な手段を組み合わせることでSPCの倒産回避が図られているといえます。

◎SPCの債権者による倒産手続きの防止

次に、SPCの債権者がSPCの倒産を申し立てるケースについて考えましょう。

SPCの債権者とは、要するに証券化商品への投資家のことです。証券化商品の成績が芳しくなく返済が滞ってくると、少しでも多くを回収しようとして倒産手続きを申し立てようとするかもしれません。第3章-3で、あらためて説明しますが、一般に証券化では返済の優先順位が異なる何種類かに分けられて証券が発行されます（優先劣後構造）。その場合、下位の債権者が倒産を申し立てると、上位の債権者に影響を及ぼしてしまいます。

そのため、証券化では、弁済資金は証券化事業にかかわるものだけに限定するという責任財産限定特約を付けて投資家に出資を募ることになります。第1章-2で説明したノンリコース・ローンも、この特約付きのローンです。つまり、特約がある以上、弁済資金は証券化事業から生じる資金だけですから、倒産を申し立てても他の資産から回収することができず、何もメリットを生まない形になっているのです。

また、念のため、返済の優先順位が最上位の債権者を除く投資家から倒産手続きの申し立てをしない旨の誓約書を徴求することも併せて行なうのが一般的です。

なお、ここでは導管体（SPV）としてSPCが使われるケースについて見てきましたが、他の形態のSPVが使われる場合でも同様の倒産隔離が必要となることがあります。

たとえば、第5章-7で見るように、特定目的会社がSPVとなるケースでも、同じような措置が取られます。

2-2
オリジネーターからの倒産隔離

　オリジネーターは証券化対象資産のもともとの所有者です。資産が真正にSPVに譲渡されたということが明らかでないと、オリジネーターが破綻したときに、オリジネーターの債権者がこの証券化対象資産について権利を主張する可能性があります。
　したがって、オリジネーターからの倒産隔離では、オリジネーターからSPVへ完全かつ真正に資産が譲渡されたことを明らかにすることが重要になります。
　ここでポイントになるのが、(1) 真正売買（トゥルー・セール）と、(2) オフバランス化です。

(1) 真正売買

　「真正売買（トゥルーセール）」とは、オリジネーターからSPVへ証券化対象資産が確実に譲渡され、その所有権がSPVに完全に移転していることを意味するものです。ここで問題となるのは、オリジネーターが倒産したときに、オリジネーターの債権者の請求権が本当に証券化された資産に及ばないかどうかという点です。
　一番わかりやすい例でいうと、一定期間後に売主（オリジネーター）が買い戻すという条件を付けて売買するというケースです。

もちろん、こうした取引は法的にはまったく有効なのですが、その場合、売買契約という形を取っていても実質的には金融取引（担保付貸借取引）と考えられるため、真正売買は認められません。つまり、資産の所有権は依然としてオリジネーターにあることになります。この状態でオリジネーターが倒産してしまうと、オリジネーターの債権者の請求権が証券化対象資産にまで及んでしまいます。

真正売買が認められるためには、以下のような点を考慮しなければなりません。

まず、適正な価格で売却が行なわれることです。不適切な価格での取引は、そこに何らかの別の意図が隠されているのではないかとの疑義を招き、真正売買を疑わせる要因になります。市場価格が必ずしも明確ではない不動産などの場合は、不動産鑑定書を取得して、売買価格の妥当性を判断します。

次に、売買が何らかの条件付きで行なわれたものではないことを明らかにする必要があります。先ほどの買い戻し条件付きが典型ですが、それだけではありません。たとえば、その資産をオリジネーターが売却した後も、その資産の運営や処分方針に何らかの影響力を残していると見られると、やはり完全に所有権が移転していないと見られ、真正売買が成立しなくなる恐れがあります。

企業が自社ビルを証券化して、その後もテナントとして使い続けるという例はよく見られるケースですが、真正売買と認められるためには、その企業が他のテナントと変わらない純粋な1テナントとなっている必要があるでしょう（もとの所有者である企業の名前をビル名に残すことがあるが、名前を残すだけであれば支配権が残っていると判断される可能性は低い）。

また、売却した相手が、売り手の影響下にあると見られる場合、ある

いは売買後もその資産のリスクを売り手が負担している場合も、真正売買が疑われることになります。

　以上の２点については、次に説明するオフバランス化のところであらためて見ていくことにしますが、そのオフバランス化もまた真正売買が成り立つための条件の一つです。

　所有権を主張するものが複数現われた場合には、法的な要件を満たしているものがその所有権を確保することができます。こうした要件を「**対抗要件**」といいます。真正売買には、こうした所有権の対抗要件も求められます。

　金銭債権の譲渡の場合、対抗要件には、債務者に対して「自分が新しい債権者なので、これからは私に債務を支払ってください」という債務者対抗要件と、第三者に対して「この資産は私が所有しています」という第三者対抗要件があります。譲渡人から債務者に対して確定日付（公証人役場で押印された日付印）のある通知をすれば、債務者に対しても第三者に対しても所有権を主張できます。

　不動産そのものの譲渡であれば、所有権の移転登記があれば対抗要件となります。

　証券化では、以上のようなもろもろの要素を整えたうえで売買契約書を作成し、同時に、弁護士によるリーガル・オピニオンを取得します。

(2) オフバランス化

　「オフバランス化」とは、オリジネーターのバランスシートから証券化の対象となる資産が消滅することをいいます。真正売買がオフバランス化の前提にあり、また、オフバランス化がされないと真正売買にもなりません。また、売却先のSPC等がオリジネーターの連結対象と見な

されれば、連結ベースのバランスシートに資産が載ったままとなるので、やはりオフバランス化はできません。

オフバランス化の要件は金銭債権と不動産で異なっています。

金銭債権では、「**財務構成要素アプローチ**」という考え方が取られます。金融資産を構成要素に分解して、その要素ごとに支配が移転していればオフバランス化できます。このアプローチでは、部分的なオフバランス化が可能です。

たとえば、その金融資産にかかる回収業務だけを自社で留保している場合、その留保分に相当する価額をそのまま残し、それ以外の部分をオフバランス化します。また、証券化で劣後部分を自社で保有する場合、その保有分についてはバランスシートに残し、それ以外の部分についてオフバランス化します。

いずれにしても、財務構成要素アプローチでオフバランス化が認められるためには、それぞれの構成要素の「支配の移転」が必要で、基本的には真正売買であることが求められます。

不動産の場合は、「**リスク経済アプローチ**」という考え方が取られます。その資産のリスクと便益のほとんどすべてが他に移転しているかどうかでオフバランスするかどうかを判断します。財務構成アプローチのように部分的なオフバランスは認められないので、オール・オア・ナッシングです。

真正売買が求められるのはもちろん、ここで問題となるのは、オリジネーターによる証券化商品への投資部分です。一般的に、オリジネーターは証券化商品の一部を保有するケースが多く見られます。財務構成要素アプローチでは自社保有分を残してオフバランスすることが可能ですが、リスク経済アプローチではそうはいきません。

この自社保有割合が大きいと、元の資産のリスクと便益がかなりの部

分、依然としてオリジネーターに帰属していると見られ、オフバランス化が認められなくなります。

その目途とされているのが「5％ルール」と呼ばれているものです。オフバランス化が認められるためには、証券化商品への投資割合が全体の5％以内である必要があります。

さて、SPC自体がオリジネーターの子会社と見なされる場合もオフバランス化は実現しませんでした。SPCがオリジネーターの子会社でないと認められるためには、SPCの倒産回避で述べたような支配権を断ち切る措置が必要です。それだけでなく、SPCはペーパーカンパニーでオリジネーターが都合よく使ってしまう可能性があり、その場合はやはり実質的な子会社と見なされるため、

- 適正価格での取引
- SPCの事業目的が証券化に限定されていること
- 業務がその目的に沿って適切に行なわれていること

という3条件を満たす必要があります。

2-3
サービサーからの倒産隔離

　金銭債権の証券化では、証券化の対象となっている債権の回収にあたるための事業者（サービサー）を選定します。このサービサーが倒産してしまうと、この回収業務が円滑に行なわれなくなって、証券化商品の価値を棄損する恐れが出てきます。

　また、多くの場合、サービサーは債権の回収資金を一定期間、手元で預かって、後でまとめてSPVの口座に振り込むことになります。回収資金が手元にあり、まだSPV口座に振り込んでいないときにサービサーが倒産すれば、この回収資金はサービサーの倒産手続きに巻き込まれてしまいます。このような回収資金にかかるサービサーのリスクを「**コミングル・リスク**（またはコミングリング・リスク）」と呼びます。コミングルとは、混ざり合うという意味です。

　まず、サービサーが倒産して回収業務が遂行できなくなるリスクについてですが、証券化にあたっては最初に、可能なかぎり適切な回収業務遂行能力を持ち、財務的にも健全な事業者をサービサーとして選ぶことが望ましいといえます。また、サービサーが破綻したり、経営が悪化した場合に備えて交代要員として別の事業者（バックアップ・サービサー）を事前に選定しておくこともよく行なわれます。

　次に、コミングル・リスクですが、サービサーが手元に回収資金を預

かる期間を極力短くするなどの工夫がまず必要です。また、たとえば回収資金の1か月分をリザーブ（準備金）として積み立てて、いざというときにこのリザーブを充当するというしくみがよく取られます。

リザーブは、潜在的な費用として、あらかじめ計上されるものです。投資家に提示する予想配当率などの計算からは除外されますが、もし実際に使われることなく証券化商品の満期を迎えた場合は、投資家に還元されることになります（図表2-3）。

図表2-3　倒産隔離の内容

オリジネーターからの倒産隔離	支配権の断絶	・一般社団法人を利用した支配権の断絶など
	真正売買 ↑↓ オフバランス化	・適正な価格での売買 ・完全な所有権移転 ・対抗要件の具備
		・会計上の要件 　（金銭債権の場合）財務構成要素アプローチ 　（不動産の場合）リスク経済アプローチ ・SPCのオフバランス化要件
サービサーからの倒産隔離	回収業務の継続性	・バックアップサービサーの設置
	コミングル・リスクへの対応	・リザーブの設定

2-4
信用補完には超過担保、優先劣後構造、保証がある

　「信用補完（Credit Enhancement）」とは、証券化に多くの投資家の資金を呼び込むため、安全性の高い証券化商品を作り出すしくみのことです。

　おもなしくみとしては、「超過担保」「優先劣後構造」「保証」といったものがあげられます。

　「超過担保」とは、要するにバッファーのことです。金銭債権の証券化などで、オリジネーターがSPVに対象資産を売却しますが、このときにオリジネーターが実際に受け取る代金よりも多めの資産を譲渡するのです。

　この部分は、オリジネーターにとっては未収金に相当しますが、投資家の債権よりも弁済順位が劣後するようになっていて、この部分が投資家にとってバッファーとなります。

　もし証券化商品の成績が芳しくなくても、このバッファー分は投資家が優先して弁済を受けることができるので、パフォーマンスの悪化を一部カバーすることができます。

　「優先劣後構造」とは、投資家が出資する証券化商品の種類を分け、優先的に返済を受けられる部分と、返済順位が劣後する部分とに分ける

ことです。詳しいしくみは第3章で解説することにしますが、優先順位が劣後する部分を作り出すことで、その部分が優先順位の高い部分にとって超過担保（バッファー）となって安全性の高い部分を生み出すことができるのです（図表2－4）。

　優先劣後構造は、証券化における非常に重要な特徴です。このしくみによって、リスクとリターンの特性が異なる複数の証券化商品を一つの対象資産プールから切り出し、多くの投資家の資金を引き付けることができるようになります。

　「保証」は、もっと直接的な信用補完手段です。信用力の高い保証会

図表2－4　超過担保と優先劣後構造

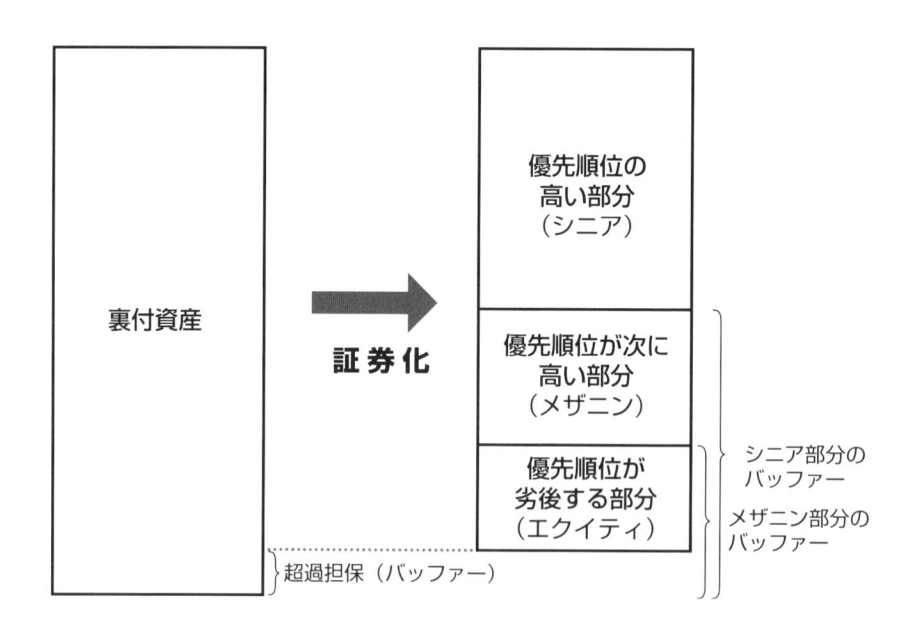

裏付資産	証券化 →	優先順位の高い部分（シニア）
		優先順位が次に高い部分（メザニン）
		優先順位が劣後する部分（エクイティ）

超過担保（バッファー）

シニア部分のバッファー
メザニン部分のバッファー

社に元利払いを保証してもらうことで、投資家に安心して投資をしてもらうことができます。米国モーゲージ証券のジニーメイ保証債が典型的な例です。

　サブプライム・ローン証券化商品の場合は、モノラインと呼ばれる債券保証専門の保険会社が保証を付けているケースが多くありました。モノラインはもともと、比較的安全性の高い地方債（地方自治体が発行する債券）の保証業務をメインに行なっていたのですが、証券化市場の拡大とともに証券化商品の保証業務を急拡大していたのです。そのためサブプライム問題の表面化にともなって、保証元のモノラインの経営が軒並み悪化するという事態になり、これも市場の混乱を呼ぶ一因となりました。
　この例でもわかるとおり、保証は保証元の信用力に依存するため、「外部信用補完」ともいわれます。これに対して超過担保や優先劣後構造など証券化のしくみの中に組み込まれた信用補完は「内部信用補完」といいます。
　さて、保証を付けるためには保証会社に保証料を支払わなければなりません。その分投資家へ支払う配当率（利率）は下がりますが、保証元の信用力が十分に高い場合は、その保証元を信頼することで、証券化商品の中身を分析する情報や手段を持っていない投資家でも投資しやすくなるというメリットがあります。

2-5
リスク回避の様々な措置 キャッシュ・トラップ、各種のリザーブ

　そのほか、証券化のしくみの中では、①証券化の裏付資産のパフォーマンスが悪化したときに資金の外部流失を抑えたり、②各種のリスクが顕在化したときに備えてリザーブを積んだりという、様々なリスク回避措置が組み込まれます。

　前者の①は、「キャッシュ・トラップ」と呼ばれるものです。「裏付資産ポートフォリオ」（裏付資産プールと呼ぶ）のパフォーマンスを示す指標が事前に定めたレベルを下回ると、返済の優先順位が低い（劣後）投資家への配当などを中止して、その分現金を積み立てます。この積み立てられた現金は、事業の継続に不可欠な支払いや優先順位の高い投資家への配当にあてられます。

　後者②の各種リザーブ（現金準備勘定）は、潜在的なリスクが顕在化した場合に備えてあらかじめ現金を積み立てておくしくみです。先ほど説明したサービサー破綻時のコミングル・リスクをカバーするリザーブなどが典型例です。
　これらのしくみは、資金繰りの安定化を図るものであり、流動性を補完する機能を果たしています。次に説明する（外部）流動性補完と区別するために、証券化のしくみに内包された流動性補完という意味で、「内

部流動性補完」とも呼ばれます。

流動性補完

　証券化では一般に、発行された証券の償還資金は裏付資産の回収によって賄われます。ただし、裏付資産の回収期間よりも短い期間で資金調達をし、それを順次借り換えていくというタイプの証券化もあります。
　このタイプの証券化では、資金調達の手段として裏付資産を担保としたコマーシャル・ペーパー、すなわち「ABCP（Asset Backed Commercial Paper）」を発行します。コマーシャル・ペーパーとは、クーポンのない割引債型の短期社債です。

　こうした証券化では、市場環境によって資金の借り換えがうまくいかなかったり、資金調達コストが跳ね上がったりするという資金の再調達リスクが発生します。あるとき発行されたABCPの償還資金は、借り換え用に発行される次のABCPの発行資金で賄われるわけですから、次のABCPが発行されないと予定通りに償還されないリスクがあるわけです。このリスクをなくして投資家に安心してABCPを購入してもらうために、（外部）流動性補完というしくみが用意されます（次ページ図表2－5）。
　一般的には、特定の銀行がいざというときにABCPを買い取ることをあらかじめ約束します。これを「バックアップ・ファシリティ」といいます。この銀行が次のABCPを買い取ることによって今のABCPの償還資金は確保されるので、安心してABCPに投資できるというわけです。

　こうした流動性補完は、基本的には市場の混乱などで一時的に借り換

図表2-5 (外部)流動性補完が必要な証券化とは?

(1) 通常の証券化

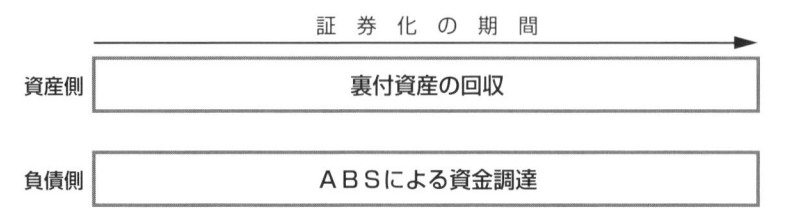

```
              証 券 化 の 期 間
              ────────────────→
資産側  │      裏付資産の回収       │

負債側  │     ABSによる資金調達      │
```

(2) 流動性補完を要する証券化

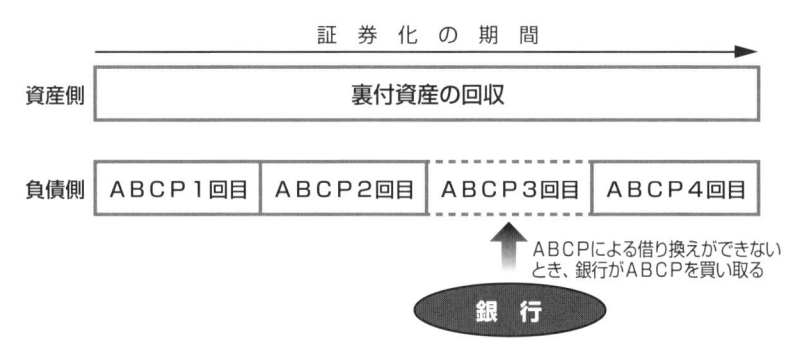

```
                証 券 化 の 期 間
                ────────────────→
資産側  │           裏付資産の回収            │

負債側  │ABCP1回目│ABCP2回目│ABCP3回目│ABCP4回目│
                              ↑
                         ABCPによる借り換えができない
                         とき、銀行がABCPを買い取る
                           銀 行
```

えが困難になっているときに資金を立て替えるという意味合いのものですが、その後も資金の提供者が現われないという事態が続くと、結局はバックアップ・ファシリティを提供する銀行が裏付資産のリスクを最終的に引き受けざるを得なくなるリスクをはらんでいます。その対価として、銀行は買い取り枠を設定することに対して一定のフィーを徴求することになります (図表2-6)。

図表2-6 信用補完とは？

広義の信用補完

信用補完	内部信用補完	・超過担保 ・優先劣後構造
	外部信用補完	・保証
流動性補完	内部流動性補完	・キャッシュ・トラップ ・各種リザーブ
	外部流動性補完	・バックアップ・ファシリティ

2-6 投資商品としての証券化商品のリスク

　証券化商品への投資は、様々なメリットとともに、様々なリスクをともないます。おもなリスクとしては、以下のものがあげられます。

裏付資産ポートフォリオのリスク

　証券化は、対象となる資産（裏付資産、または原資産）にダイレクトに投資をする手段ですから、根源的なリスクとして、この裏付資産の価値が毀損してしまうというリスクがあります。もっとも、このリスクをとる見返りに証券化商品のリターンを得ることが証券化投資の目的なのですから、このリスクは証券化における必然的な存在といっていいでしょう。

　したがって、裏付資産の質やリスク特性を十分に理解して、そのリスクを的確に評価したうえで投資するというのが証券化投資の基本となります。

　ただし、裏付資産に関する情報が十分に開示されていなかったり、誤解を招くような説明がなされる場合には、裏付資産のリスクを適切に見積もることができないことになります。したがって、裏付資産のリスクに関する適切かつ適時の情報開示は、証券化の重要な前提条件といえます。

ストラクチャーのリスク

　証券化のしくみ（ストラクチャー）は複雑で、また案件ごとに個別性が強く存在します。そして、そうしたしくみの詳細を記載した説明書（目論見書など）は、一般的に非常に量が多く、隅々まで読み込むのは大変な労力です。専門的な知識も必要でしょう。

　しかし、しくみが適切に設計されているかどうかを検証するのは証券化投資での大切なステップです。裏付資産の内容だけでなく、ストラクチャーの良し悪しも証券化商品の価値を大きく左右するからです。

　「様々なリスク削減手段が適切かつ十分に組み込まれているか」「余計なリスクが潜んでいないか」など、分析の労力を惜しまない投資家だけが証券化商品のメリットを享受することができるのです。

価格変動リスク・市場流動性リスク

　証券化商品は、他の金融商品と同様に価格変動リスクにさらされます。満期まで保有し続けるのであれば、途中の価格変動に関係なく、原資産リスクとストラクチャーリスクの結果を享受するだけなのですが、予期せぬ事情により途中で売却しなければならなくなると、そのときの市場価格でしか売却できないので、思わぬ損失を被るリスクがあります。これが価格変動リスクです。

　また、米国のモーゲージ証券や日本の住宅金融支援機構RMBSなどを除くと、証券化商品の多くは市場で活発に流通しておらず、一般に市場流動性リスクが大きいと考えられます。

　市場流動性リスクとは、取引相手が少ないため、実際に売ろうとしたときに適正と思われる価格よりも低い価格でしか売れないか、あるいは売りたくてもまったく売ることができないというリスクのことです。証

券化投資では、この市場流動性リスクにとくに注意する必要があります。

モデル・リスク

　いくつかの証券化商品では、適正な価格を把握するためにプライシング・モデルによる計算が必要になることがあります。

　たとえばパススルー型RMBS（第4章−2）では、裏付資産となっている住宅ローンの期限前償還をモデルによって推測し、それをもとに適正価格（理論価格）を計算します。あるいはシンセティックCDO（第6章−5、6）は、複雑な形態を持つデリバティブの一種といえる商品で、複雑なオプション・モデルによって理論価格を計算します。

　このような場合、モデルの計算式や、計算に使う様々な変数（パラメーター）が適正なものでないと、誤った理論価格を導き出してしまいます。

　これは投資家の内部評価だけの問題ではありません。販売元の証券会社が証券化商品の日々の価格を提示しているとします。証券会社がモデルの見直しをしたり、パラメーターを変更することで、その提示価格がある日突然大きく変わってしまうということも起こり得ます。

　モデルによる理論価格の計算が必要な商品に投資する場合は、こうしたモデル・リスクについても留意する必要があります。

再証券化にかかるリスク

　証券化商品の中には、証券化商品を集めてきて、それを裏付資産として証券化するものがあります。要するに証券化商品の証券化です。これを「再証券化」といいます。

　再証券化は比較的古くからある技法ですが、なかには、もともとの裏

付資産のリスクが増幅されるようなしくみになっているものがあり、思わぬ損失を被ることがあります。サブプライム・ショックで証券化市場が大きなダメージを受けましたが、その中でも最も大きく打撃を受けたものが、こうした再証券化商品でした。

　この点については、少々複雑なので、第6章であらためて見ていくことにしましょう。

023
第3章
証券化の基本的なしくみ

3-1
証券化のスキームを見てみる

　この章では、具体的に証券化のイメージをつかむために、一つのひな型として消費者向けローンの証券化を考えてみましょう。

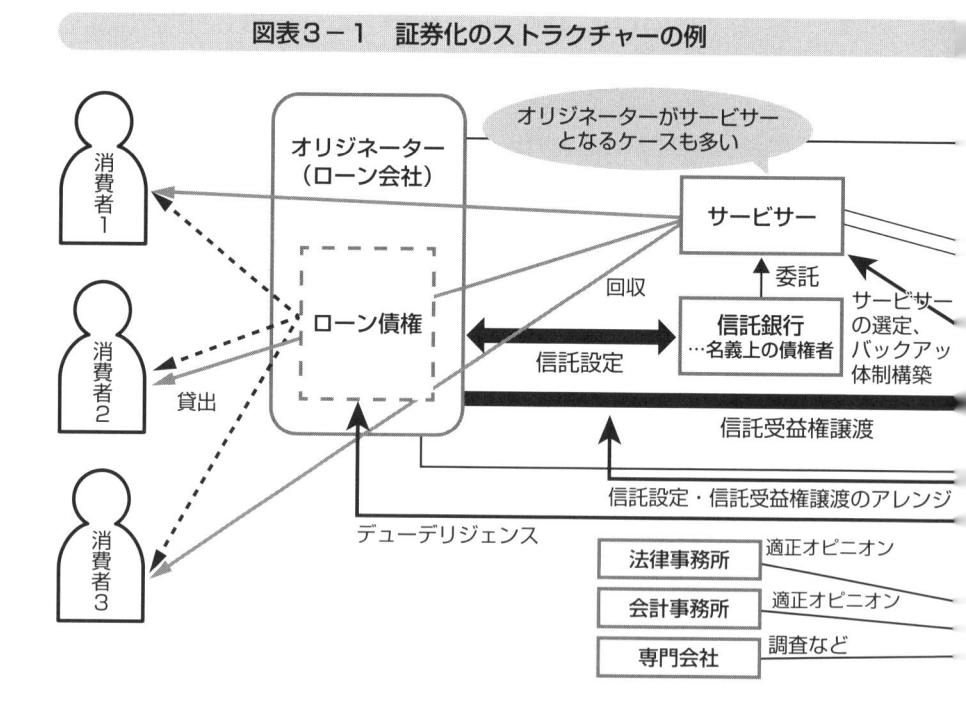

図表3−1　証券化のストラクチャーの例

- 消費者1、消費者2、消費者3 ← オリジネーター（ローン会社）：貸出／ローン債権
- オリジネーターがサービサーとなるケースも多い
- サービサー ← 委託 ← 信託銀行…名義上の債権者
- 回収／信託設定（ローン債権 ⇔ 信託銀行）
- サービサーの選定、バックアップ体制構築
- 信託受益権譲渡
- 信託設定・信託受益権譲渡のアレンジ
- デューデリジェンス
- 法律事務所：適正オピニオン
- 会計事務所：適正オピニオン
- 専門会社：調査など

スキームの全体像は**図表３－１**のとおりです。

オリジネーターは、この消費者ローンの債権者であるローン会社Aです。銀行借入が増えてきた等の理由で、財務的なバランスを保つべく、証券化によって一部債権をオフバランス化することを考えたとします。

A社は、案件のアレンジャー（組成業者）としてB証券会社を指名します。B証券会社の基本プランは、合同会社SPCによる資産担保証券（ABS）による証券化とします。

さて、実際の証券化の組成業務は、同時並行で多くのことが進行していきますが、ここでは機能別に分けて見ていくことにしましょう。

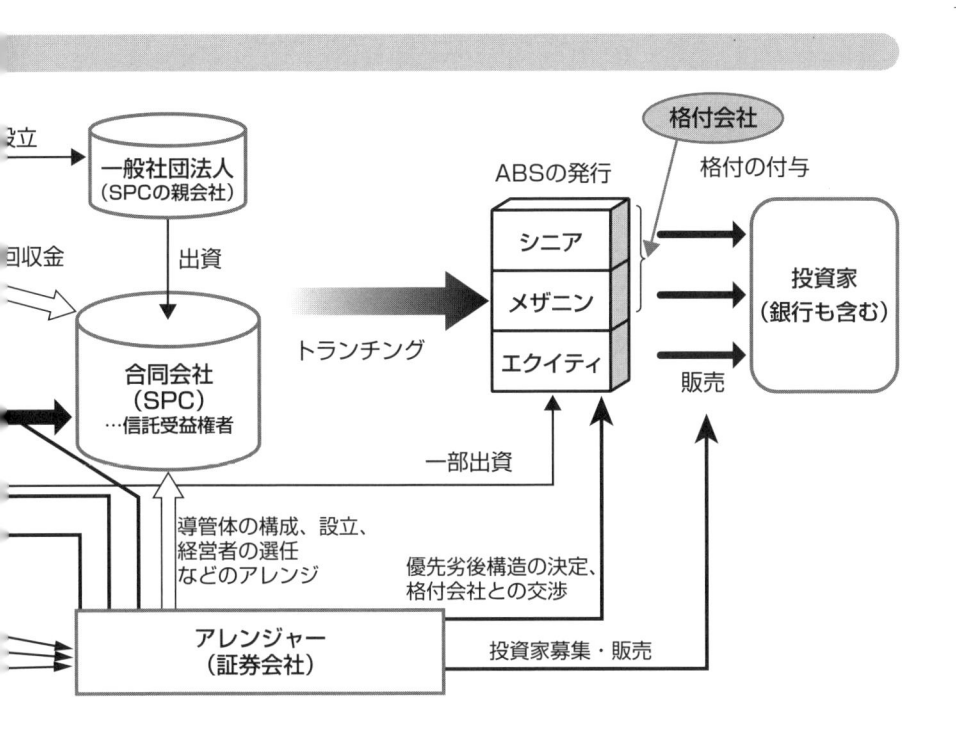

SPCの設立

　まずは、導管体の準備です。SPCとなる合同会社の出資者となるのが一般社団法人です。オリジネーターに基金を拠出してもらって、この一般社団法人を設立します。一般社団法人の議決権者である社員および業務執行者である理事には、C会計事務所の会計士を選任します。

　この一般社団法人を出資者として、SPCとなる合同会社を設立します。SPCの社員には一般社団法人が法人として就任しますが、具体的に業務を執行する業務執行者には先ほどの会計士を任命します。

資産精査（デューデリジェンス）

　次は、証券化対象資産の精査です。

　裏付資産の質は証券化にとって肝にあたる部分ですから、十分な審査が必要になります。こうした資産精査のことを「デューデリジェンス；Due Diligence（デューデリ）」といいます。

　資産が消費者ローンであれば、過去の返済率などの統計データを、消費者ローン一般の分と、このA社のローン固有の分とで用意します。そして、今回の証券化の対象となるローン債権プールを債務者の属性ごとに分解して、統計データと照らし合わせながら詳しく分析していきます。

　ローンの契約条件もチェックします。特約など特殊な条件が付いていればローンの価値も変わるからです。一般の消費者ローンは無担保であることが多いのですが、担保付債権の場合は担保の精査も行ないます。

　こうしてデューデリジェンスに基づく資産評価により、資産の譲渡価格が決まり、SPCが発行するABSの種類や構成比率が決定されていくことになります。

なお、デューデリジェンスはアレンジャーが行なうだけでなく、投資家や、この次に登場する信託銀行、あるいは格付会社なども行ないます。もちろん、アレンジャーのデューデリジェンス資料はこれらの関係者にも開示されますので、効率的にデューデリジェンスを行なうために他の当事者はそれをベースに分析を行ない、足りない情報があればアレンジャーに追加で要求するというかたちで進めるのが一般的です。

デューデリが完了し、オリジネーターと譲渡価格の合意ができれば、いよいよ資産の譲渡です。

信託の設定と信託受益権の売却

証券化では、対象資産をいったん信託して、その信託受益権をSPCに売却することが一般に行なわれています。SPCはペーパーカンパニーで、会計や決算、税務などは会計士に委託しますが、個々の債権の管理業務を行なうスタッフなどはいません。信託を使うことで、こうした債権管理事務を信託銀行に委ねることができます。信託すると債権の名義上の所有者が信託銀行になるため、名前を聞いたこともないペーパーカンパニーが債権者となるよりも、ローンの借り手にとって受け入れやすくなるというメリットもあります。

そこで、オリジネーターは対象資産についての信託譲渡契約を信託銀行と結びます。これにより、この資産は信託銀行に所有権が移転し、その代わりオリジネーターは信託受益権を受領します。

この段階では、名義上の債権者は信託銀行に代わりますが、オリジネーターは受益権者として信託資産への支配権を持っていますから、実質的な所有権は移転していません。もちろん、この資産をバランスシートから除外するオフバランス化もこの段階ではできません。信託受益権の

保有は、一般的に信託財産を保有しているのと同様の会計処理となりますから、会計上の変化も起きません。

　また、信託譲渡したからといって、そのままではローンの借り手（債務者）は、本当に信託銀行にお金を返せばいいのか判断がつきません。信託銀行が正当に債権を引き継いだことを主張できるように、対抗要件を備える必要があります。

　そこで、オリジネーターから個々の債務者に確定日付のある通知書を送付します。他の第三者が、この債権の所有権を主張してきたときも、この確定日付のある通知が対抗要件となります。

　さて、オリジネーターは、信託受益権をSPCに売却します。これが第2章で見た要件をクリアして真正な売買と認められれば、信託受益権者としてのSPCが実質的な債権者として位置付けられることになります。

　なお、SPCの導管性、資産売却の真正性、オフバランス化の是非などについては、アレンジャーが会計士や弁護士などと相談をしながら進めていくことになりますが、最終的には会計上、あるいは法律上、適正なしくみとなっているという旨を記した意見書をこれらの会計士や弁護士から徴求します。ほとんどの投資家は投資を判断する際に、信頼できる会計士や弁護士の適正意見書を求めますので、こうした意見書は投資家を勧誘する際に重要な資料となります。

証券の発行

　先述したように、SPCはペーパーカンパニーです。資本金は通常少額ですので自前の資金力はありません。そこで信託受益権の購入代金を、ABS（資産担保証券）を発行することにより賄います。ABSには、購入する信託受益権が担保として設定されます。そして、ABSの弁済原

資が信託された証券化対象資産に限定される旨の責任財産限定特約が付されます。

　さらにABSには、優先劣後構造が設けられ、優先順位の一番高い「シニア債」、その次の「メザニン債」、最も優先順位が低い「エクイティ（最劣後債）」に分けられます（トランチング、第3章－3参照）。このうち、シニア債・メザニン債については格付会社に依頼して、格付を取得します。この格付も投資家に販売する際の重要な要素です。優先劣後構造と格付については、この後であらためて詳しく説明します。

　こうして、ようやく証券化は実現します。繰り返しになりますが、ここでは機能別に分けて説明をしていますが、実際にはこれらは同時進行していきます。たとえば、SPCがオリジネーターから信託受益権を買う場合、その代金はABSの発行で賄われます。しかし、まだ信託受益権を購入していないときにそれを担保とする債券を発行することはできないので、この二つは同時に成立させる必要があります。

　あらかじめ定めたスケジュールに沿って必要なすべての準備を事前に行ない、最後に資金決済を同時に行なって契約を成立させることによって証券化組成業務の長いプロセスは終結します。これを「クロージング」といいます。

債権の回収

　もっとも、ディールがクローズしたからといって、それは証券化が成立したことを意味するのであって、それで証券化が終わるわけではありません。

　証券化の期間中、裏付資産が生むキャッシュフローは、ABSの投資家に流れていくことになります。しかし、金銭債権の場合、その債権を

回収しなければキャッシュフローは生まれません。この回収業務を担うのがサービサーです。

多くのケースでオリジネーターがサービサーとなりますが、いままでは債権者として回収業務にあたっていたものが、今後は（名義上の）債権者である信託銀行から委託を受けて回収業務を行なう立場へと変化します。

さて、証券化組成業務の全体像を踏まえたうえで、ポイントとなる以下の点について、次項以降でもう少し詳しく見ていくことにしましょう。

3-2
裏付資産の質と ABSの構成

　証券化商品の価値は「**裏付資産**」の質で決まります。

　金銭債権でいえば、返済率が高い債権プール（証券化の対象となるローンなどの集合体、つまりポートフォリオをプールと呼ぶ）を裏付資産にすれば、安全性の高い証券化商品をより大きな割合で作り出すことができます。逆に、裏付資産が返済率の低い債権プールの場合は、安全性の高い証券化商品を大きな割合で作り出すことが難しくなっていきます（次ページ**図表３－２**）。

　もっとも、質が高い（安全性が高い）資産は利回りが低いので、そこから生み出される証券化商品も利回りは低めになります。一方、質の低い（安全性が低い）資産は、適正な価格で購入すれば利回りが高めとなるはずなので、ハイリスクだけどハイリターンという証券化商品を作ることが可能です。

　また、質の低い資産からでも通常、一定部分は安全性の高い証券化商品を作ることができますが、こうした商品はその安全性（≒格付）に比べて利回りが比較的よいものになる傾向があります。

　つまり、裏付資産の質は証券化にとってとても重要な要素ですが、質が低い資産であっても、適切な価格で譲渡を受け、適切な方法で証券化されれば魅力的な投資商品を作ることができるというところに証券化の大きな特徴があるわけです。

図表3-2 裏付資産の質と証券化商品の安全性

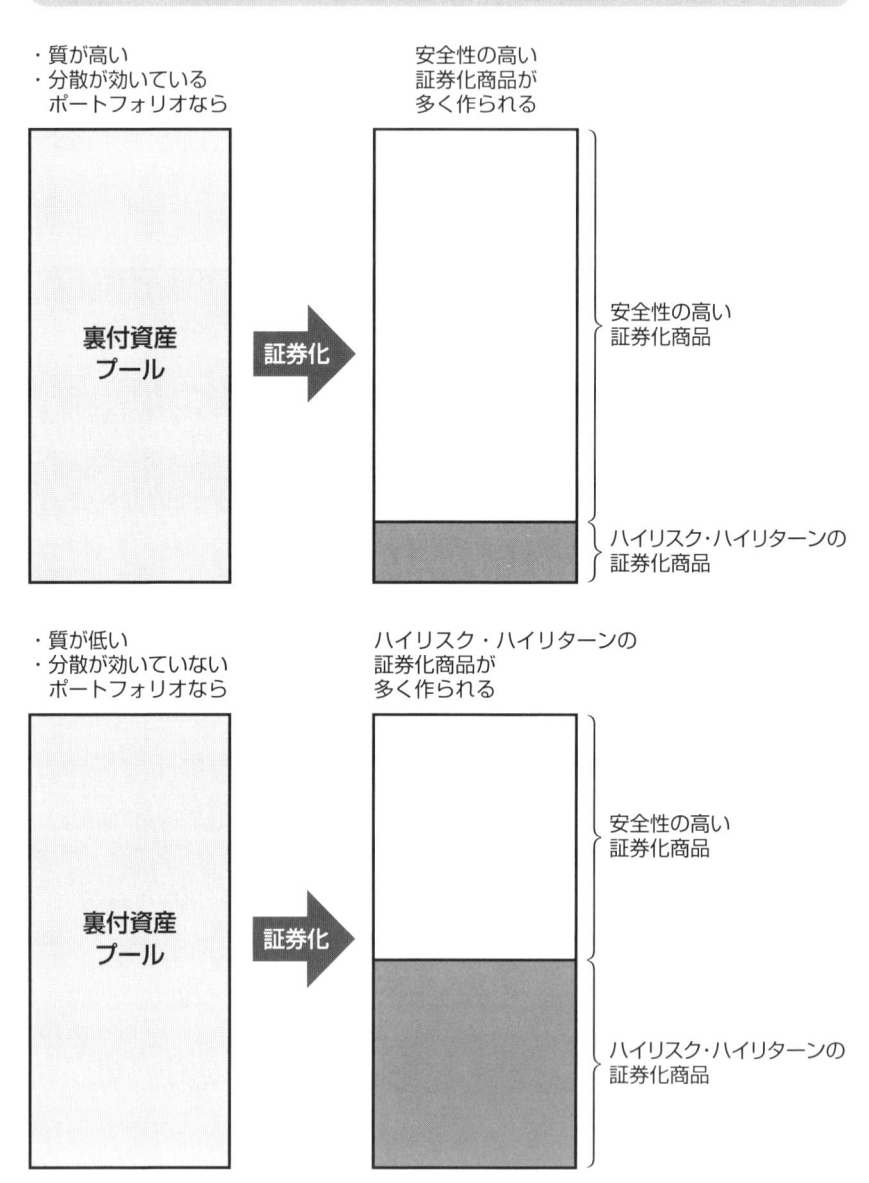

・質が高い
・分散が効いている
　ポートフォリオなら

安全性の高い
証券化商品が
多く作られる

裏付資産プール → 証券化 →

{ 安全性の高い証券化商品

{ ハイリスク・ハイリターンの証券化商品

・質が低い
・分散が効いていない
　ポートフォリオなら

ハイリスク・ハイリターンの
証券化商品が
多く作られる

裏付資産プール → 証券化 →

{ 安全性の高い証券化商品

{ ハイリスク・ハイリターンの証券化商品

もう一つ、裏付資産において重要なことは「**分散効果**」です。

　裏付資産の中の一つひとつの債権の返済率が高く（質が高く）ても、状況が悪くなるといっせいに返済が滞るというような傾向があるとすれば、そのときにはポートフォリオ全体に大きな損失が発生することになりますので、安定的なポートフォリオとはいえません。

　このように裏付資産を構成する一つひとつの資産が同じような動きをする性質を「**相関**」と呼びます。ここは重要な点なので、第6章でまた詳しく説明したいと思います。

　いずれにしろ、個々の債務者の相関が低いポートフォリオのほうが、大きく損失が発生する可能性が低い安定したポートフォリオであり、安全性の高い証券化商品を多く作り出すことができます。

　これは、債務者の属性が多岐にわたっていて、いろんな業種に勤める人、いろんな地域に住んでいる人など、様々な債務者が含まれているような場合が該当します。このように、債務者の属性がばらばらだと債務者間の相関が低くなり、分散効果が働いてより安定したポートフォリオとなるのです。

　逆に、債務者の属性がみな似通っている場合、債務者間の相関は高くなり、分散効果が働かなくなって安定したポートフォリオとはなりません。

　とくに個々の債権の返済率が高くない（質の低い）債権プールを証券化する場合、この分散効果はとても重要なファクターとなります。

　質の低い債権はもともと景気動向などに依存する傾向が強く、景気悪化時などにいっせいに返済が滞ってしまうリスクがあります。つまり、相関リスクが一般にはより強いのです。

　したがって債務者の属性が十分に分散していないと、大きな損失が発生するリスクが高まってしまいます。逆に、十分に分散が効いている債

権プールであれば、一つひとつの債権の質が低くてもプール全体のリターンは安定するので、証券化商品の価値も守られやすくなります。

　このように、個々の債権の質と相関関係が債権プールの性格を決め、ひいては証券化の成否を左右することになるのです。

3-3 優先劣後構造とウォーターホール

トランチング

　裏付資産プールの債権の質と分散効果が見積もられると、これをもとに優先劣後構造を作っていきます（トランチング）。

　優先劣後構造とは、一つの裏付資産プールから、返済の優先順位が異なる何種類かの証券化商品を同時に切り出すことをいいます（次ﾟ図表3-3）。

　返済の優先順位が最も高い部分を「**シニア（優先債務）**」と呼び、最も低い部分を「**エクイティ（最劣後債務）**」と呼びます。その間にある階層は「**メザニン**」と呼ばれます。メザニンはもともと中二階という意味で、シニアとエクイティの間にあるものということを表わしています。

　メザニンの中で、さらに優先順位が異なる何種類かのメザニンに分けられることもよくあります。

　また、裏付資産の質と安定性が高い場合、シニアの上に、さらに返済順位が優先される「**スーパー・シニア**」と呼ばれる階層が作られることがあります。スーパー・シニアが作られた時点で、その下にあるシニアは最優先ではなくなり、優先順位が二番目の部分となります。これは実質的にはメザニンと変わりません。ただし、この二番目の部分の安全性が非常に高い場合には二番目であってもシニアと呼び、最優先部分をス

図表3-3　トランチングとは？

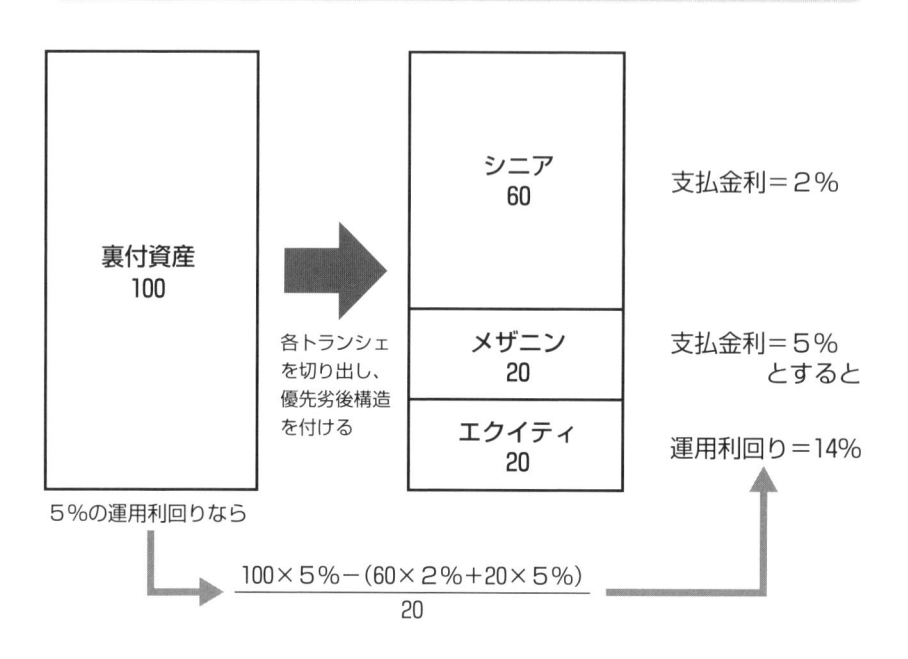

```
裏付資産                    シニア        支払金利＝2％
100          各トランシェ    60
             を切り出し、
             優先劣後構造   メザニン      支払金利＝5％
             を付ける        20           とすると

                          エクイティ     運用利回り＝14％
                             20
```

5％の運用利回りなら

$$\frac{100 \times 5\% - (60 \times 2\% + 20 \times 5\%)}{20}$$

ーパー・シニアと呼ぶことになります。

　エクイティは、最劣後なので、裏付資産が毀損して損失が発生する場合、その損失を真っ先に負担することになります。その代わり、期待利回りはかなり高めに設定されており、また裏付資産が予想よりも高い利回りを生んだ場合には、このエクイティに配分されることになります。まさにハイリスク・ハイリターンです。

　まれにエクイティ部分が複数に分かれ、優先エクイティと、劣後エクイティで構成される場合があります。優先エクイティは劣後エクイティよりも返済が優先されますが、劣後エクイティは返済が最も劣後するリスクの見返りにより高めの期待リターンが設定されます。

これら、優先順位が異なる各部分のことを「**トランシェ**」と呼びます。トランシェはもともとフランス語で、「一切れ」とか「区分」という意味です。優先劣後構造を付けることを「**トランチング**」というのは、各トランシェを切り出すことからきているわけです。

ウォーターフォール

これをキャッシュフローの流れで見てみましょう（図表３－４）。

裏付資産が生むキャッシュフローは、一つの財布に入れられます。注意が必要なのは、優先劣後構造という場合、裏付資産プールを安全な部分とそうでない部分に分けるわけではなく、あくまでも裏付資産プール

図表３－４　ウォーターフォールとは？

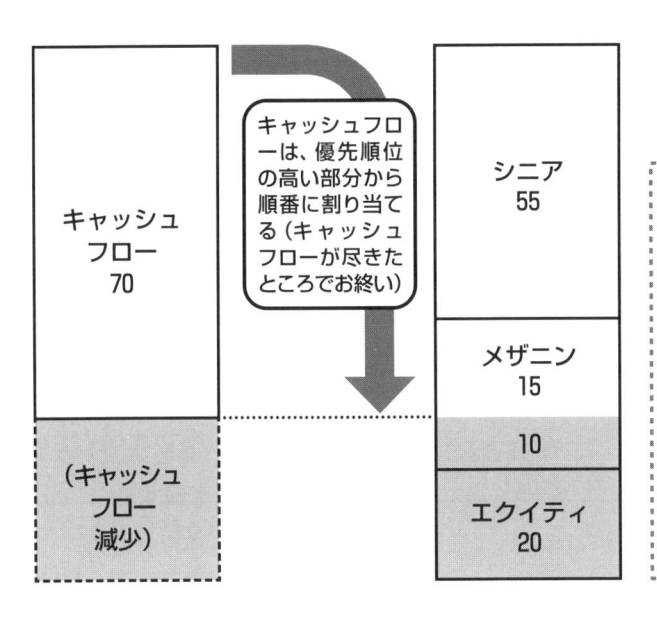

キャッシュフロー 70

（キャッシュフロー減少）

キャッシュフローは、優先順位の高い部分から順番に割り当てる（キャッシュフローが尽きたところでお終い）

シニア 55

メザニン 15

10

エクイティ 20

30%の損失が発生した場合、エクイティが損失を吸収（全額毀損）し、それでも損失を吸収しきれないので次にメザニンが吸収（一部毀損）この例ではシニア部分に損失が及ばないのでシニア部分の元利金は全額返済される

は一体のものとして扱われるという点です。

　この裏付資産プール全体から生まれてくるキャッシュフローは、様々な要因で変動していきます。まず、キャッシュフローが大きく減少したケースを考えてみます。

　この場合、この減少したキャッシュフローをまずシニア投資家への返済に優先的にあてます。そしてシニア投資家への支払いが済んではじめて、メザニン投資家への返済にあてられます。**図表３－４**のケースでは、メザニン投資家への返済がすべて行なわれない状態でキャッシュフローが枯渇してしまっています。その場合、さらに劣後するエクイティ投資家にはキャッシュフローは回らないことになります。

　この場合、シニア投資家は全額返済を受けているので損失はなく、メザニン投資家は一部返済を受けているものの、全額は返済を受けていないので、部分的に損失が発生します。エクイティ投資家の場合は、何も返済を受けることができず、全額が損失となります。

　上のケースとは逆に、裏付資産プールが期待通りのキャッシュフローを生んだときには、メザニン投資家はシニア投資家よりも高い利回りを受けることができますし、エクイティ投資家はさらに高い利回りとなります。

　こうしたキャッシュフローの流れを水が上から下へ流れていくことになぞらえて「**ウォーターフォール**」といいます。

3-4 格付会社から格付を取得する

　通常のABSの場合、最劣後部分のエクイティを除いて、格付会社から格付を取得するのが一般的です。

　格付会社は、債券などの安全性を分析・評価して、それを記号で表わした格付を付与する民間会社です。有名どころでは、海外のムーディーズ、スタンダード・アンド・プアーズ（S＆P）、フィッチ、国内では格付投資情報センター（R＆I）、日本格付研究所（JCR）があります。

　格付は、最上級が「ＡＡＡ（トリプル・エー、ムーディーズだけはＡａａと書き、トリプル・エーもしくはエー・ダブル・エーと読む）」で、次の図表３－５のようになっています。「ＢＢＢ－（トリプル・ビー・マイナス、ムーディーズではＢａａ３、ビー・ダブル・エー・スリー）」までが投資適格級といわれて、リスクが比較的低い債券を表わし、それ以下は投機的もしくは投資不適格といわれて、リスクが高い債券を表わします。

　通常のABSだと、シニアには最上位のＡＡＡ格付が付きます。もちろん裏付資産プールの質が高くなかったり、分散効果が低くて安定性に欠けたりする場合は、シニア債の格付がもう少し低くなることもあります。メザニンは、Ａ～ＢＢくらいの格付になるのが一般的です。エクイティは、無格付です。

図表3-5 格付記号とその内容

S&P、R&Iなど	ムーディーズ	信用リスクの大きさ	分類
AAA	Aaa	↑ 下に行くほど信用リスクが高くなる ↓	投資適格級
AA+	Aa1		
AA	Aa2		
AA−	Aa3		
A+	A1		
A	A2		
A−	A3		
BBB+	Baa1		
BBB	Baa2		
BBB−	Baa3		
BB+	Ba1		投資不適格級（投機的）
BB	Ba2		
BB−	Ba3		
B+	B1		
B	B2		
B−	B3		
CCC+	Caa1		
CCC	Caa2		
CCC−	Caa3		
CC	Ca		
C	C		
D	D	デフォルト（他に選択的デフォルトSDなどがある）	

シニアとメザニンのリスクとLTV

　シニア部分の安全性が高いのは、エクイティやメザニンがまず損失を引き受けてくれるため、シニアが損失を被る可能性がきわめて低くなっているためです。つまり、エクティやメザニンがシニアにとってはバッファーもしくは超過担保になっているのです。

　どのくらいのバッファーが設定されているかを示す指標として、「LTV（Loan to Value）」というものがあります。裏付資産プールの時価総額（Value）に対してローンが何割設定されているかという指標ですが、債券などの場合でも同じ呼び方をします。

　たとえばシニア債のLTVが60％という場合、残りの40％が超過担保の役割を果たしますので、裏付資産の時価総額が40％以上値下がりしなければシニアに損失が発生しないということになります。

　したがって、LTVは低ければ低いほど安全性が高いということになります。ただし、安全性は裏付資産の質と安定性にも左右されるので、LTVの絶対水準だけで決まるわけではありません。

　さて、メザニンの場合、より下位のトランシェがバッファーとなるので、LTVは（シニア＋メザニン）÷時価総額で計算します。当然、メザニンのLTVはシニアのLTVよりも高い水準となり、損失を受ける可能性がそれだけ高いことを示しています。

　ここで注意したいのは、メザニンのリスクの大きさはLTVで示される損失発生の確率だけでは測れないということです。メザニンの切り出し部分の厚みによって、損失が発生したときの損失率の大きさが変わってきます。

　たとえば次の図表３-６のように、同じLTVのメザニンを考えてみましょう。一つはLTV80％で、トランシェの厚みは20％あります。も

図表3-6 "厚み"の違いによるメザニンのリスクの変化

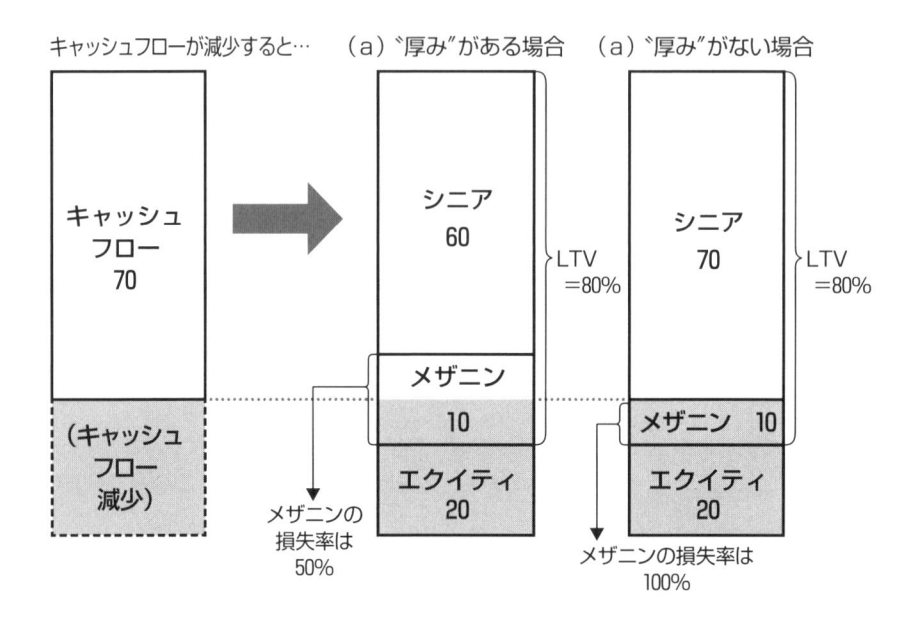

キャッシュフローが減少すると… （a）"厚み"がある場合　（a）"厚み"がない場合

- キャッシュフロー 70
- （キャッシュフロー減少）
- シニア 60　LTV=80%
- メザニン 10
- エクイティ 20
- メザニンの損失率は50%
- シニア 70　LTV=80%
- メザニン 10
- エクイティ 20
- メザニンの損失率は100%

　う一つはLTVが同じ80％ですがトランシェの厚みは10％です。ここで、裏付資産の30％が毀損したとします。どちらのメザニンにも損失が発生しますが、厚みが20％あるメザニンならそのうちの10％が損失となるので、損失率は50％、厚みが10％のほうは全額が損失となって損失率100％です。

　債券の元利払いが予定通りに返済されないことによる損失リスクを「デフォルト・リスク」といいますが、このデフォルト・リスクの大きさは、

> デフォルト確率×デフォルトしたときの予想損失率

で表わされます。

つまり、デフォルト確率が同じであっても、そのときの損失額（率）が大きいものは、それだけリスクが大きいと見ることができます。したがって、メザニンの場合は、LTVだけではなく、トランシェの厚みも重要なリスク評価の要素となります。

3-5
キャッシュフローの変換が付与されたトランシェ

　シニア債やメザニン債については、裏付資産の持つ金利リスクを別の形に変換したトランシェが作られることがあります。

　たとえば、裏付けとなる金銭債権が固定金利の債権だとしましょう。その場合、それを裏付けに発行されるABSも、そのままだと固定利付債になります。ただ、投資家によっては固定利付債よりも変動利付債が望ましいという投資家もいます。「変動利付債」とは、たとえば半年おきにそのときの短期金利に連動して支払金利が決定されるような債券をいいます。短期の資金調達に依存している銀行などでは、こうした変動利付債のほうがリスク管理をしやすく、投資対象として好まれることがあります。

　その場合は、裏付資産から生まれる固定金利のキャッシュフローを金利スワップによって変動金利に変換します（図表3－7）。この変換した変動金利ベースの金利を投資家に支払うのです。

　これと逆の場合もあります。裏付資産の金利が短期金利に連動するものである場合、裏付資産から生まれる金利キャッシュフローは変動金利となります。しかし、投資家によっては固定金利の債券が望ましいという場合があります。生命保険という長期の資金調達をしている生保などがこれにあたります。

第3章　証券化の基本的なしくみ

図表3−7　キャッシュフローの転換のしくみ

固定金利を変動金利に変換するケース

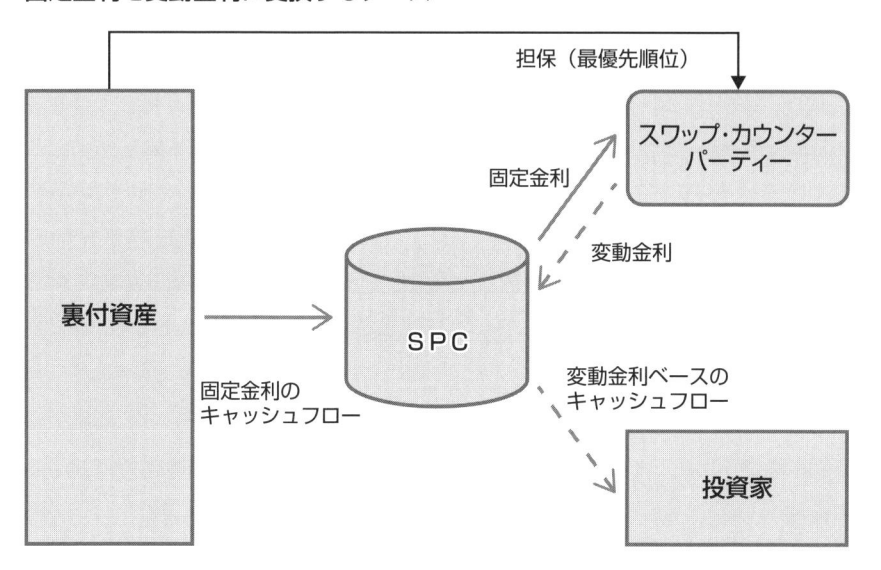

```
                        担保（最優先順位）
       ┌──────────────────────────────────────┐
       │                                     ▼
       │                              ┌─────────────┐
       │                              │ スワップ・カウンター │
       │                      ↗       │   パーティー    │
       │              固定金利         └─────────────┘
       │                      ↘ 変動金利
   ┌───────┐                 ╔═════╗
   │       │                 ║     ║
   │ 裏付資産 │ ──────────────▶ ║ SPC ║
   │       │                 ║     ║      変動金利ベースの
   └───────┘    固定金利の       ╚═════╝      キャッシュフロー
              キャッシュフロー              ↘
                                        ┌─────────┐
                                        │  投資家  │
                                        └─────────┘
```

　その場合は、裏付資産の金利キャッシュフローをスワップで固定金利に変え、それを投資家に支払うというトランシェを作ります。

　スワップの相手先（スワップ・カウンターパーティ、スワップC/P）が倒産してしまうと、このキャッシュフローの転換ができなくなってしまうので、スワップ・カウンターパーティには、格付が高い金融機関を選びます。

　契約を締結した後で相手方の信用力が悪化するケースもあるので、そうした事態に備えて、相手方の信用格付が一定水準以下に下がった場合には他のカウンターパーティに契約を移管するなどの取り決めをしておきます。

一方で、スワップ・カウンターパーティーの側からすると、スワップ取引の契約相手がペーパーカンパニーのSPCとなるので、契約の不履行リスクをカバーするためには担保が必要になります。この担保には証券化の裏付資産があてられますが、通常、スワップ・カウンターパーティーが設定する担保権は最優先の順位となります。

3-6 エクイティ投資のレバレッジ効果

　エクイティは、シニアやメザニンなどにとって超過担保の役割を果たし、安全性の高い証券化商品を作り出すのに必要な存在となっています。

　しかし、エクイティの側から見ると逆のことがいえます。シニアやメザニンを設けることで、エクイティのリスクは高まりますが、リターンも大きくなります。シニアやメザニンの設定によってエクイティのリスク・リターンが濃くなっていくことを、「レバレッジを掛ける」と表現します。

　ここでもう一度、88ページ図表３－３の例を見てみましょう。裏付資産プール全体の収益率が５％だとします。これに対して時価総額の60％部分を占めるシニア・トランシェは、返済が優先され、安全性が高くなっているので、もっと利回りを低く設定することができます。これをたとえば２％だとしましょう。

　全体の収益額を100×５％＝5として、60％のシニア部分の利率が2％ですから、残りの40％部分に回すことができる収益は、

$$5 - 60 \times 2\% = 3.8$$

となります。これを40で割ると9.5％となって、残り部分の期待利回りが高まっていることがわかります。

次にメザニンです。メザニンの利払いが裏付資産プール全体の収益率よりも低ければ、同様のレバレッジ効果を得ることができます。

ここでは、メザニンの利払いが5％だとしましょう。これは裏付資産プールの収益率と同じですが、それでもレバレッジ効果は生まれます。シニア以外の40％部分に配分される収益3.8のうち、メザニン部分20×5％＝1.0がメザニン投資家に支払われます。残りの2.8がエクイティ投資家の配当となりますので、これを20で割ると、期待利回りはなんと14％となります。

このように、シニアやメザニンの安全弁であるエクイティですが、逆にシニアやメザニンがあることによって高い利回りを享受することができます。

投資家の中には、運用資産の種類を増やしたいが、投資対象は安全なものに限るという投資家もいるでしょう。そうした投資家は、証券化のシニア部分に投資すれば、消費者ローン、法人向けローン、住宅ローン、ときには不良債権など様々な資産に投資することができ、しかもそれぞれの資産の安全性の高い部分だけを選ぶことができます。

もう少し安全性を落としてもいいから少しでも高い利回りを求めたいという投資家は、メザニンに投資します。

また、リスクを享受してより高いリターンを求めるという投資家もいます。そうした投資家にとっては、証券化のエクイティ部分に投資をすれば、レバレッジの掛かったハイリスク・ハイリターンの投資をすることができ、投資効率を大いに高めることができます。

こうして、トランチングによって様々な投資家の資金を引き付けることができるということが証券化の非常に大きな特徴なのです。

3-7 仕組債と証券化の違い

　さて、この章の最後に仕組債について触れておきましょう。仕組債も証券化商品もストラクチャード・プロダクト（仕組商品）ですが、この二つは何が違うのでしょうか。

　「仕組債」とは、たとえば日経平均に連動して元本が増減する債券とか、為替相場の水準によって利息額が変動する債券といったように、他の一般的な債券とは異なる特性を持つものをいいます。

　仕組債の発行者は、大きく分けて（1）SPC、（2）金融機関、（3）その他に分かれます（次㌻図表3－8）。ここでは、（1）のSPCが発行するケースを例に取ってそのしくみを見てみましょう。

　一般的な仕組債は、103㌻図表3－9のようなスキームで発行されます。このケースでは、仕組債はSPCが発行し、SPCはその発行代金で国債を購入します。さらにその国債を担保としてスワップ・カウンターパーティー（スワップC/P）とスワップ契約を結びます。このスワップ契約の中に日経平均と連動するとか、為替レートに連動するというしくみが含まれているのです。要するに、仕組債とはデリバティブを裏付けとする証券化商品と呼ぶことができるものだといえます。

　ただし、仕組債は一般の証券化商品とはやや異なる以下のような特徴を持っています。

図表3-8 仕組債の分類

1. 発行体による仕組債の分類

(1)	SPCが発行するもの	投資家ニーズにより発行される 発行資金は国債等の購入にあてられ、この国債を担保にデリバティブを契約する（図表3-9を参照）
(2)	金融機関が発行するもの	高格付の金融機関が低利の資金調達のために発行する（ストラクチャーのリスクはヘッジする） ストラクチャーは投資家ニーズによって決定される
(3)	その他 　物価連動国債 　他社株転換債（EB債） 　　……事業会社が発行するケース	国や事業会社が発行する特殊なケース 通常、発行体はリスクをヘッジしない

2. リスクの種類による分類　　　　　　　　　　　　　　　※太字は本書で登場するもの

(1)	為替リスクを内包するもの 　デュアル債 　リバース・デュアル債 　　　　　　　　　　　　　など	為替予約、通貨オプション、通貨スワップなどが内包されている
(2)	金利リスクを内包するもの 　リバース・フローター 　CMS債 　　　　　　　　　　　　　など	金利スワップ、スワップション、キャップ・フロアなどが内包されている
(3)	株価リスクを内包するもの 　エクイティ・リンク債 　　　　　　　　　　　　　など	エクイティ・スワップ、エクイティ・オプションが内包されている
(4)	コモディティ・リスクを内包するもの 　コモディティ・リンク債 　　　　　　　　　　　　　など	コモディティ・スワップ、コモディティ・オプションが内包されている
(5)	クレジット・リスクを内包するもの 　クレジット・リンク・ノート 　**シンセティックCDO** 　　　　　　　　　　　　　など	クレジット・デリバティブが内包されている
(6)	その他 　**CATボンド** 　　　　　　　　　　　　　など	CATボンドは、災害デリバティブが内包されている 他に様々なものがあり、また複数のリスクを組み合わせたものもある

第3章　証券化の基本的なしくみ

図表3-9　仕組債のしくみ

発行時

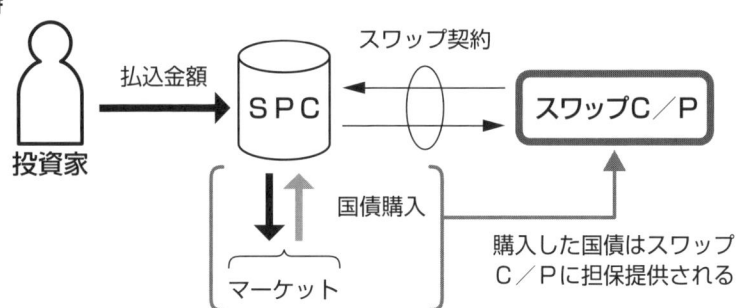

投資家 →(払込金額)→ SPC ←(スワップ契約)→ スワップC／P

SPC ⇅ マーケット（国債購入）

購入した国債はスワップC／Pに担保提供される

取引期間中

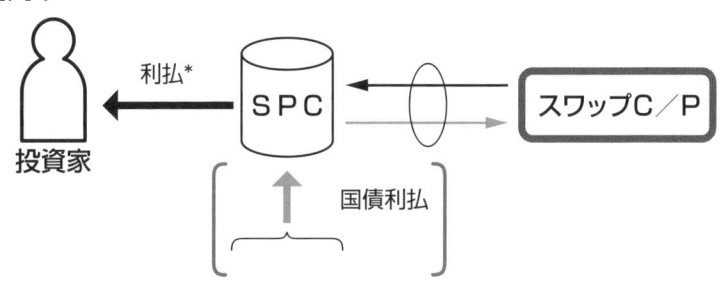

投資家 ←(利払*)← SPC ←→ スワップC／P

SPC ← 国債利払

＊SPCは国債の利息をスワップC／Pに渡し、代わりに受け取った利息を投資家に支払う

満期時

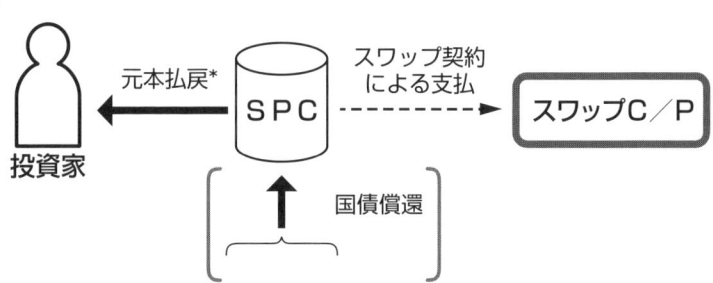

投資家 ←(元本払戻*)← SPC ----(スワップ契約による支払)---→ スワップC／P

SPC ← 国債償還

＊スワップ契約で大きな支払が発生すると、投資家への元本払戻額は、
　　国債償還額 － スワップ契約による支払額
となり、額面割れの償還となる可能性がある

◎オリジネーターがいない

　証券化でもアービトラージ型ではオリジネーターはいません。この点からすると、仕組債はアービトラージ型証券化の一種とも考えられます。

◎投資家のニーズのみによって組成されるのが一般的

　これもアービトラージ型証券化と同様の特徴です。
　SPCが発行する仕組債の場合、SPCはただ仕組債を発行するための箱であって、SPC自体に資金ニーズがあるわけではありませんし、どのような仕組債であっても、そのしくみ部分はスワップ・カウンターパーティーが提供するので、SPCには関係がありません。
　また、高格付の金融機関が資金調達のために仕組債を発行することがありますが、通常これらの金融機関では仕組債に含まれるデリバティブ部分はヘッジしてしまうため、やはりどのようなしくみであるかは、その金融機関にとっては基本的に関係がありません。
　そのため、どのような仕組債にするかは、もっぱら投資家のニーズによって決まります。
　仕組債の中には、発行体の都合によって発行されるタイプのものがあります。102㌻図表３－８の「１．発行体による仕組債の分類（３）」にあたるものが基本的にはこれに該当します。ただし、これらの仕組債は、仕組債全体の中では特殊な存在であり、基本的には仕組債は、もっぱら投資家のニーズによって組成されるものと考えて大きな間違いはないでしょう。

◎優先劣後構造がない（単一の債券である）

　ほとんどの仕組債は特定の投資家のニーズに沿って組成されます。複数の投資家に販売されることもありますが、単独の投資家が購入することも多くあります。いずれにしても特定のニーズに特化した債券であり、

複数のトランシェに分けて異なる投資家に同時に販売するという通常の証券化の手法は取られません。

　以上のように、仕組債はデリバティブを裏付けとした特殊なアービトラージ型証券化商品と位置付けることもできますが、一般的には両者は別物として扱われます。

　ただし、両者が混然となって判別がつきにくい商品もあります。シンセティックCDOがそれで、実態は仕組債そのものなのですが、いかにも証券化商品のような装いをまとっています。

　本書でも、一般的な仕組債はデリバティブの一販売形態として証券化の対象に含めていませんが、その仕組債の一種であるシンセティックCDOについては第6章で解説しています。

第4章

モーゲージ担保証券(MBS)の特徴としくみ

4-1
住宅ローンを担保とした RMBSとは

　ABSの基本的な考え方を前章で見たので、本章から第6章まで、特徴的な性質を持つ証券化種別について見ていくことにします。本章では「モーゲージ担保証券（MBS；Mortgage Backed Securities）」について解説します。とくに住宅ローンを担保にした「RMBS(Residential Mortgage Backed Securities)」にはパススルー型（第4章－2参照）とペイスルー型（第4章－6参照）があり、多くの証券化商品のひな型にもなっていますので、少し詳しく見ていくことにしましょう。まず、パススルー型RMBSの例として、ここでは住宅金融支援機構（旧住宅金融公庫）発行のRMBSを取り上げます。なお、住宅金融支援機構のRMBSには、一般的な月次債のほかにS種債と呼ばれるものがあります。
　「S種債」とは、旧住宅金融公庫が直接実施した住宅ローンを裏付資産として証券化されたものをいいます。これに対して「月次債」は、提携金融機関から買い取ったローンを証券化するもので、原則として毎月発行されています。
　現在、住宅金融支援機構はローンの買い取りによる証券化に特化しており、2010年以降、S種債は発行されていません。そのため、ここでは月次債を前提に話を進めます。

　住宅金融支援機構RMBSの基本的な発行スキームは、図表4－1の

第4章 モーゲージ担保証券（MBS）の特徴としくみ

図表4-1 住宅金融支援機構のRMBSのしくみ

①住宅金融支援機構のRMBS発行スキーム

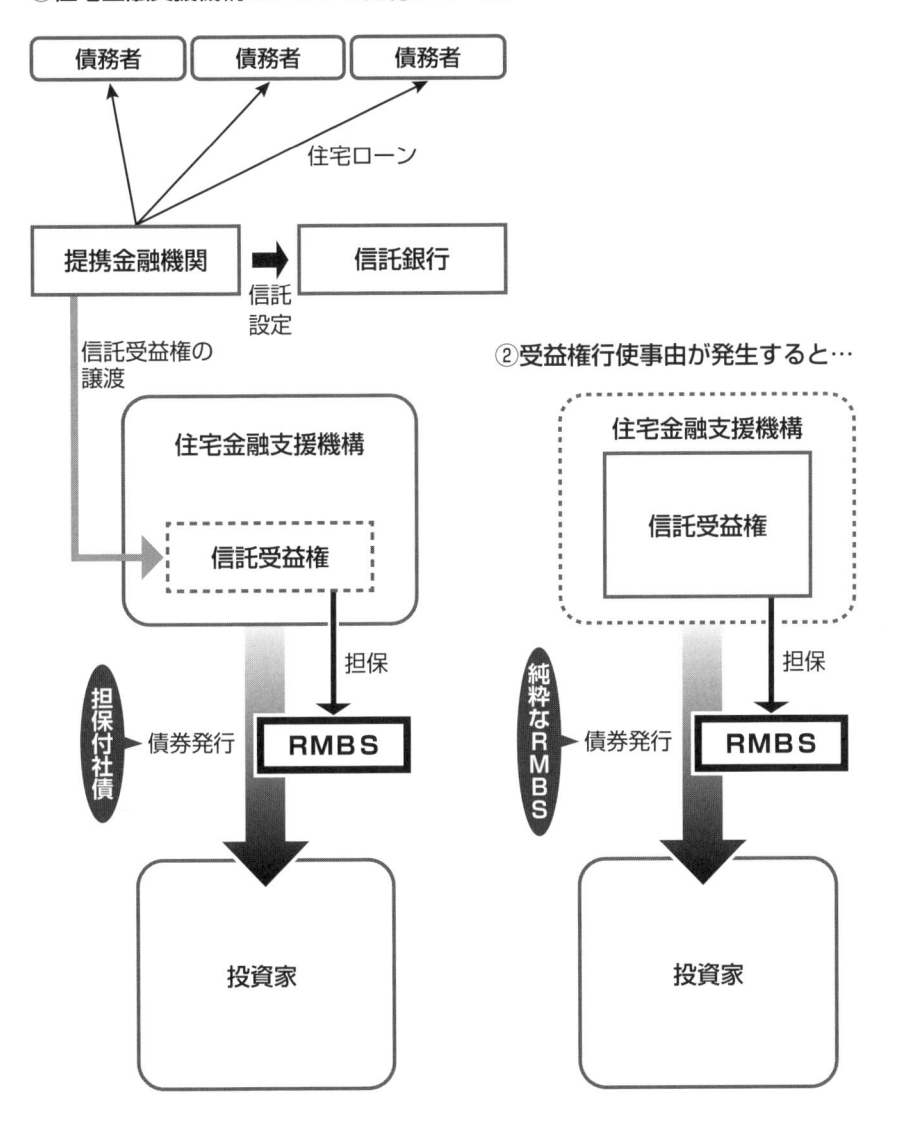

債務者 — 債務者 — 債務者

住宅ローン

提携金融機関 → 信託銀行

信託設定

信託受益権の譲渡

住宅金融支援機構
　信託受益権

担保付社債 — 債券発行 → RMBS

投資家

②受益権行使事由が発生すると…

住宅金融支援機構
　信託受益権

担保

純粋なRMBS — 債券発行 → RMBS

投資家

通りです。

　まず、住宅金融支援機構が提携銀行の住宅ローン（「フラット35」と呼ばれる）を信託受益権化したものを買い取ります。その信託受益権を担保にRMBSを発行します。発行体がSPCではなく、オリジネーターである住宅金融支援機構そのものとなっている点が典型的な証券化とは違っています。

　このRMBSは住宅ローン（信託受益権）が担保に設定されていますが、その元利払いは住宅金融支援機構の信用力によって保証されており、その点では純粋な証券化というよりは「カバード・ボンド（担保付債券）」としての性格を持っています。

　ただし、住宅金融支援機構が解散したり（法令で定められた同様の機関へ債務を承継する場合を除く）、株式会社等へ債務を承継したり、支払不履行となるなど受益権行使事由と呼ばれるものが発生したときには、RMBSは住宅金融支援機構から切り離されて、担保となっていた信託受益権のみによって元利払いが行なわれるという形に移行します（**図表4－1－②**）。この段階で、純粋な証券化スキームに移行することになります。

　そのため住宅金融支援機構RMBSは、厳密には、証券化商品への移行が約束された担保付財投機関債といえますが、一般的には証券化商品として分類されています。

4-2 住宅金融支援機構が発行するRMBSの特徴

　RMBSの裏付資産となっている住宅ローンは、一般的に質がよく、安定性の高い資産と考えられます。住宅ローンは、基本的に安定した収入を持つ借主に貸し出されます。さらに、住宅そのものが担保となっているため、損失が発生しにくいのです。

　住宅金融支援機構のRMBSでは、フラット35という均一な条件の住宅ローンが対象となりますが、このローンの実行にあたっては様々な条件が付されています。より質の高いローンがRMBSの対象とされているわけです。

　第3章でも述べましたが、裏付資産プールについては、質だけでなく、分散効果も重要です。住宅ローンは一般に安全性が高いとはいえ、たとえば借主が特定地域に集中していると、その地域が深刻な景気後退に陥ったときに、いっせいに返済率が悪くなりがちです。その点、住宅金融支援機構のRMBSでは全国に借主が散らばり、地域的な分散も図られています。

住宅金融支援機構による保証と担保債権の差し替え

　さらに、先ほども述べたように、受益権行使事由が発生しなければ、このRMBSの元利払いは住宅支援機構によって保証されます。

具体的には、裏付資産プール中の住宅ローンで延滞が発生すると、延滞期間が3か月以内のものは、延滞がなかったものとして住宅金融支援機構が代わりに支払いをします。延滞が3か月を超えると、繰り上げ償還がされたものと見なして、当該住宅ローンを信託財産から外し、住宅金融支援機構が代わりにその償還資金を支払います。

　もし受益権行使事由が発生した場合には、こうした保証機能はなくなりますが、その場合にもRMBSは通常の証券化商品と同じになるだけで、今度は裏付資産によって支払いが担保されることになります。

　ちなみに、住宅金融支援機構のRMBSについては、このような受益権行使事由発生時にもRMBSの元利払いが滞ることがないように、あらかじめ十分な超過担保が設定されています。

　これらの様々な信用補完措置によって、住宅金融支援機構RMBSはＳ＆ＰとＲ＆Ｉから最上位ＡＡＡの格付を与えられています（2012年9月末現在）。これは日本国債を上回る格付です（日本国債の格付は、Ｓ＆ＰではＡＡ−、Ｒ＆ＩではＡＡ＋。2012年9月末現在）。

　ちなみに、住宅金融支援機構RMBSは、優先劣後構造を持たない単一トランシェの債券となっています。

期限前償還リスクの投資家への転嫁

　住宅金融支援機構RMBSのもう一つの大きな特徴は、パススルー型証券だということです。「パススルー型」というのは、裏付資産が生み出すキャッシュフローがそのまま投資家に流れていくように設計されているものをいいます。

　住宅ローンの場合、ポイントとなるのは期限前償還の取り扱いです。通常の住宅ローンでは、借り手は償還期限前であってもローンを返済す

ることができます。これはフラット35も同様です。

　この期限前償還は、借主のオプションなので、借主が返済時期を決めることができます。貸し手にとっては、いつ返済されてしまうかわからないというリスクを負っていることになります。パススルー型証券では、この「いつ償還されてしまうかわからないリスク」を投資家に転嫁することになります。
　つまり、パススルー型RMBSでは、裏付けとなっている住宅ローンの一部が期限前償還されると、その資産がそのまま投資家に「パススルー」され、その分RMBSの元本が減るしくみになっています。
　この期限前償還リスクの投資家への転嫁は、パススルー型RMBSの重要な特徴なので、次項以降であらためて詳しく見ていきましょう。

4-3
期限前償還率を変動させる要因とは？

　それでは、住宅ローンがどういうときに期限前償還されるのかというところから見ていきましょう。大きな要因としては、住宅ローンのライフサイクルと金利の変動があげられます。

住宅ローンのライフサイクルによる期限前償還率の変化

　住宅ローンのライフサイクルとは、ローンが実行されてから時間経過とともに期限前償還率が変化していく性質を表わします（**図表4-2**）。

　住宅ローンを借りた当初は、家計の余裕がなく、返済資金をすぐに用意できないのが普通でしょうから、期限前償還率は非常に低いでしょう。しかし、時間が経過していくと、余裕資金を持つ家計が増えてくるので、期限前償還率は少しずつ上昇します。これを「**シーズニング効果**」といいます。

　やがて期限前償還率は一定のレベルに達しますが、さらに時間が経過してくると、期限前償還をしようとする人があらかた返済をし終えてしまうので、期限前償還率が再び低下していきます。これを「**バーン・アウト効果**」といいます。

　その他、ボーナスによって期限前償還をする人も多いでしょうから、季節によっても期限前償還率は変化します。これを「**季節要因**」といい

図表4-2　住宅ローンの期限前償還率の変化（イメージ）

（1）住宅ローンのライフサイクルによる影響

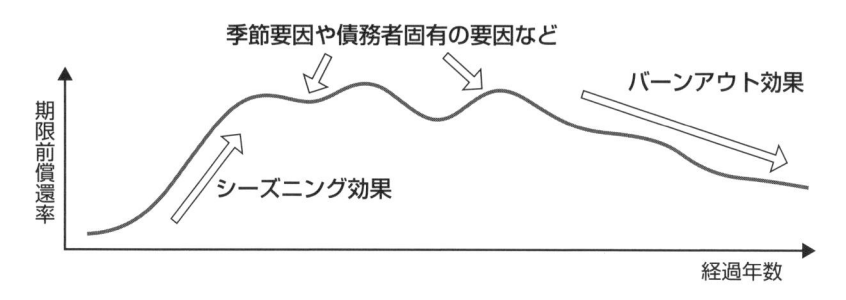

縦軸：期限前償還率　横軸：経過年数

季節要因や債務者固有の要因など
バーンアウト効果
シーズニング効果

（2）金利による影響

縦軸：期限前償還率　横軸：金利水準（高）

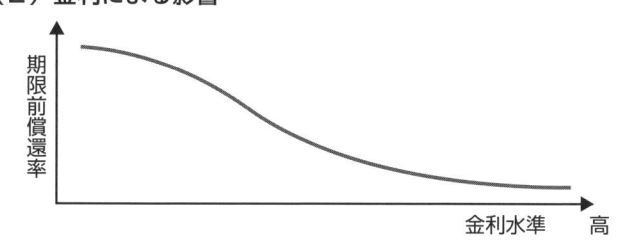

ます。また、借り手が退職年齢に差し掛かると退職金で住宅ローンを返済するという事例が増えますので、債務者の年齢など個別の要因によっても期限前償還率は影響を受けます。

　さらに、フラット35では10年経過すると支払金利が増えるようになっているため、このタイミングで借り換えが行なわれやすいという傾向もあります。

金利変動による期限前償還率の変化

　期限前償還率の変化の要因として、もう一つ重要なのが金利水準です。

　住宅ローンの返済は余裕資金ができたときに限りません。金利が低くなっていれば、低金利で借り換えて、当初のローンを返済するという家計が増えてきます。したがって、金利が低下すると期限前償還率は上昇します。

　金利が上昇する場合は逆で、借り換えによって期限前償還する人が減りますので、期限前償還率は低下します。

4-4
ネガティブ・コンベキシティは期限前償還の変動により生まれる

　期限前償還率の変化を投資家の側から見てみると、投資家は期限前償還オプションのリスクを取っていることになります。

　たとえば金利が低下してくると、一般の固定利付債券の価格は上昇します。2％の確定クーポンをもらえる債券は、金利水準が1％にまで下がってくると魅力的になります。通常であれば1％の金利しかもらえない環境なのに2％の金利がもらえるわけですから、その分人気が集まって価格は上昇することになります。

　少々ラフな計算ですが、この金利差（クーポンと現在の金利水準の差）に償還までの期間を掛けたものに相当する分の価格上昇が起きる計算になります（より正確には、金利差にデュレーションを掛けたものが価格上昇幅となる。デュレーションは、キャッシュフローの加重平均残存期間のことで、固定利付債券の場合は、償還までの期間よりも少し短くなる）。

　一方、住宅ローン・パススルー証券では、裏付資産である住宅ローンの一部が償還されると、その分の元本が償還されることになります。つまり、元本が少しずつ減っていく債券なのです。

　ですから、前述した一般の固定利付債券における償還までの期間に相当するものを計算するには、元本の減少スピードを想定して、その予想

平均残存期間を計算します。

> 金利低下時の価格上昇 ≒ 金利低下幅 × 予想平均残存期間

となるわけですが、金利が低下すると期限前償還が増えるので、右辺の「予想平均残存期間」が短くなって、価格の上昇幅が抑えられてしまいます。一般の債券に比べて、金利低下のメリットが弱まってしまうのです。

金利が上昇する場合は逆です。一般の債券では金利が上昇すると先ほどとは逆の理屈で、「金利上昇幅×残存期間」に相当する価格下落が起きます。

住宅ローン・パススルー証券の場合は、金利が上昇すると借り換えで期限前償還をする人が減るので、当初見込んでいたよりも償還までの期間が長くなって、同じ金利上昇幅でも価格の下落幅がより大きくなるのです。

こうした性質を「ネガティブ・コンベキシティ」といいます。

コンベキシティは、債券価格を金利で二階微分したもので、通常の債券ではプラスの値を取ります。金利が低下していくと債券価格は上昇しますが、金利の低下につれて価格の上昇幅が徐々に大きくなっていきます。金利が上昇するときには債券価格は下落しますが、金利の上昇につれて価格下落幅が徐々に小さくなっていきます。

RMBSの場合は、このコンベキシティがマイナスの値となります。

つまり、金利低下のときは徐々に価格上昇幅が小さくなっていくので一般の債券に比べてあまり価格が上がらず、金利上昇のときは徐々に価格下落幅が大きくなっていくので、一般の債券に比べて価格が大きく下落します。どちらに転んでも芳しくないということになります（図表４

−3)。

　そこで、投資家はこのリスクの見返りに、超過スプレッド（利回りの上乗せ）を求めることになります。

　通常、RMBSはこの早期償還リスクにともなうネガティブ・コンベキシティを反映して、同等の安全性を持つ債券よりも利回りが少し高くなっています。

図表4−3　ネガティブ・コンベキシティとは？

金利と価格の関係

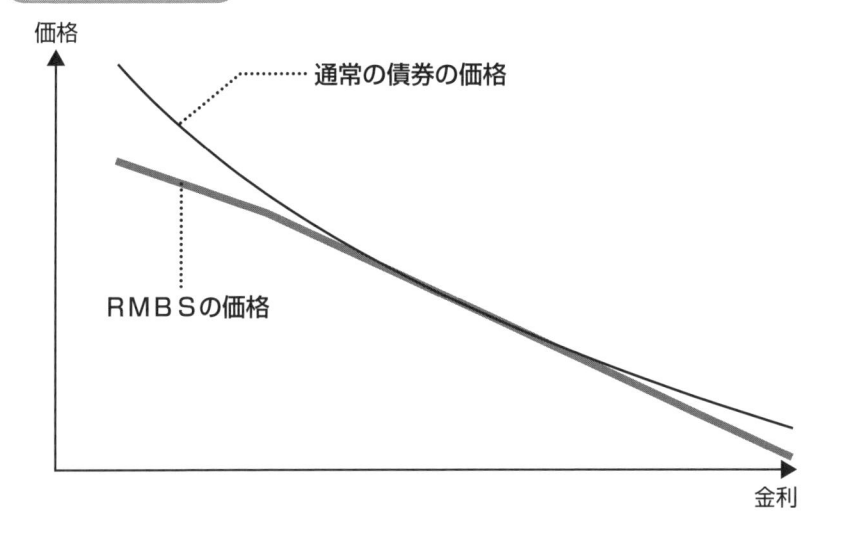

価格

通常の債券の価格

RMBSの価格

金利

4-5
PSJモデルで期限前償還率を計算する

　前項までに説明した期限前償還を考慮してRMBSの価値を測るためには、モデル化が不可欠です。期限前償還に影響を与える様々な要因を変数にして、期限前償還率を予測するモデルです。

　モデルは証券会社や投資家によって様々なレベルのものが使われています。ただ、誰にでも簡単に計算できて、市場でRMBSが取引されるときに共通尺度となるような簡便モデルがあると便利ということで、米国の「PSAモデル」と呼ばれるモデルをもとにして、日本証券業協会から「PSJ (Prepayment Standard Japan) モデル」が提示されています。

　PSJモデルでは、期限前償還率を表わすCPRが図表4－4のように推移します。

　「CPR (Conditional Prepayment Rate)」とは、単月の期限前償還率SMM（Single Monthly Mortality）を年率換算したものです。

$$SMM = \frac{当月の期限前償還額}{前月末元本残高}$$

$$CPR = 1 - (1 - SMM)^{12}$$

　PSJモデルでは、最初CPRがある水準からスタートし、シーズニング

図表4-4 PSJ標準モデル

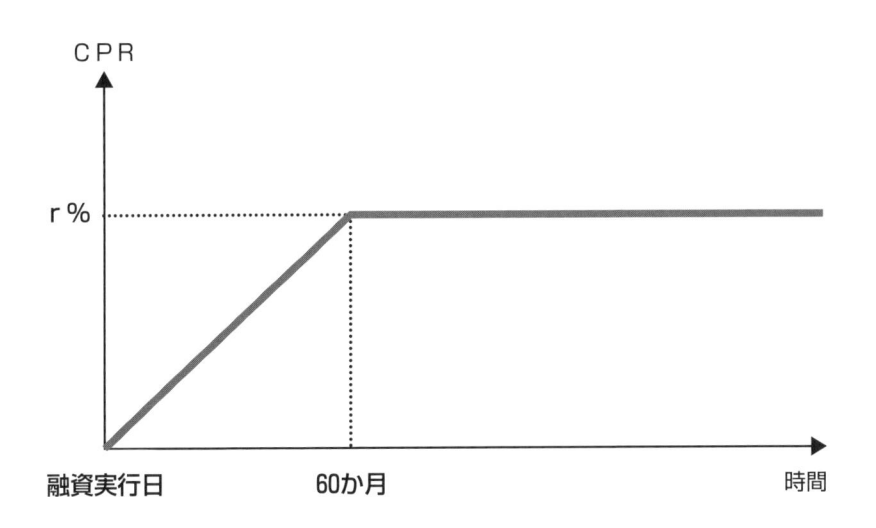

```
CPR
 ↑
 │
r%├──────────┬─────────────────
 │         ╱:
 │        ╱ :
 │       ╱  :
 │      ╱   :
 │     ╱    :
 │    ╱     :
 │   ╱      :
 │  ╱       :
 │ ╱        :
 │╱         :
 └──────────┴─────────────────→
 融資実行日  60か月           時間
```

期間に一定のスピードでCPRが上昇して、シーズニング期間終了後に一定の水準 r に達します。そのあとはCPRは一定です。とくに、最初のCPRの水準を 0 ％、シーズニング期間を60か月に固定したものがPSJ標準モデルとされています。

標準モデルの場合、パラメーターはシーズニング期間終了後の一定のCPR水準 r のみで、これを決めてしまえば期限前償還率の推移が一意に決まります。簡便モデルなので、バーン・アウト効果は考慮されていませんし、季節要因や、退職金による返済とか10年後の借り換えとか、契約個別の要素は含まれていません。

r が何％になるかは、RMBSの銘柄ごとに各証券会社が推計したものを日本証券業協会が取りまとめて公表しています。

このPSJモデルを使うことによって、RMBSのキャッシュフローを一定のものと見なして様々な計算を行なうことができます。
　たとえば、RMBSはオプションのリスクの見返りに超過スプレッドが付いているということを述べましたが、この超過スプレッドを「**OAS(オプション調整スプレッド)**」といいます。PSJモデルを前提にキャッシュフローを確定し、そのキャッシュフローから求めたRMBSの理論価格と取引価格の差を利回り換算すると、このOASが求まります。
　このOASが十分な水準にあれば、オプションリスクに対する見返りが十分に期待できると判断することができます。
　もっとも、PSJモデルは簡便なモデルです。このモデルにはオプションの評価ロジックは含まれていないので、市場で取引されているOASがどれくらいかを測るだけで、RMBSに内在しているオプションリスクの大きさそのものを測る機能はありません。
　オプションの価値を理論的に計測するためには、金利の変動と、金利が変動したときのCPRの変動を同時に試算できるような高度なモデルが必要になります。

4-6
CMOはキャッシュフローを加工して期限前償還リスクを軽減するもの

　本章の前項まで、住宅金融支援機構RMBSを例にパススルー型RMBSの概要を見てきました。住宅金融支援機構RMBSではトランチングがされておらず、裏付資産から生まれるキャッシュフローがすべて単一トランシェのRMBSに流れ込んでいきます。

　もちろん、証券化のしくみによっては、期限前償還リスクを他のトランシェに移転して確定キャッシュフロー型に近い証券を作り出すことも可能ですし、前章で触れたような優先劣後構造によるトランチングを行なうことも可能です。

　このように複数のトランシェを持ち、裏付資産のキャッシュフローを加工したうえで投資家に支払うものを「CMO（Collateralized Mortgage Obligation）」といいます。CMOはパススルー型に対して、「ペイスルー型」と呼ばれます。住宅ローンの証券化では期限前償還リスクの存在が大きな特徴となっているので、とくにこの点を以下で見てみましょう。

　まず、期限前償還リスクのある住宅ローン・プールを裏付資産として、期間の短いトランシェと期間の長いトランシェに分けて債券を発行することを考えます。期間の短い債券は、期限前償還の影響をもともと受けにくくなっています。

さらに、期限前償還があったときは、期間が長い債券が優先的に償還されるようにして、期間の短い債券には影響を与えないようにしておけば、期間の短い債券はさらに確定キャッシュフローに近づきます。このようにCMOでは、トランチングによって期限前償還リスクを大きく減らしたABSを作ることが可能となります。
　こうした複数のトランシェからなる証券化手法は、その後の一般的なABSにおける優先劣後構造に引き継がれます。そうした意味で、CMOはABSの原型ともいえる商品です。
　またCMOは、パススルー型RMBSを集めてきてそれを裏付資産としてペイスルー型に作り変えて発行されるというケースが多くあります。こちらは再証券化商品のはしりといえるでしょう。

4-7
米国で活発に取引されているストリップス債

　期限前償還リスクだけではなく、金利の支払いか、あるいは元本の返済かというようなキャッシュフローの種類によってトランチングを行なうケースもあります。これを「**ストリップス債**」といいます。日本では必ずしも一般的ではありませんが、米国ではこのストリップス型の証券が活発に取引されていますので、簡単に触れておきましょう。

　裏付資産が生み出すキャッシュフローのうち、住宅ローンの元本返済分だけを投資家に支払うのが「**PO（Principal Only）債**」です。

　元本の金額は一定のはずですが、以下の式からわかる通り、支払時期が先へ行けばいくほど、そして金利が高ければ高いほど、その現時点における価値（現在価値）は小さくなります。

キャッシュフローの現在価値
　＝キャッシュフロー金額 × $1/(1+金利)^n$
　　n：キャッシュフローが発生するまでの期間（年）

　金利が高くなると、上式右辺の下線部（これを割引因子、またはディスカウント・ファクターという）が小さくなって、元本の（現在）価値は小さくなるという効果が生まれます。それに加えて、金利の上昇で裏付資産である住宅ローンの期限前償還が行なわれにくくなって、返済が

先延ばしされる効果も加わるため、nが大きくなって余計に元本の価値は減少します。

つまりPOは、金利が高いと価値が下がり、金利が下がるとその逆で価値が上がる債券です。一般の固定利付債券も同じ性格を持っているのですが、POでは期限前償還率の変化によってその効果が増幅される性質を持っているので、通常の債券よりも値動きが増幅されます。金利の変動に対してレバレッジが掛かった商品と見なすことができます。

次に、裏付資産が生み出すキャッシュフローのうち、住宅ローンの支払利息分だけを投資家に支払うのが「IO（Interest Only）債」です。

支払金利は、元本とは違って、支払期間に応じて金額そのものが変化していきます。

たとえば金利が下がって期限前償還率が高くなると、利息が支払われる期間が短くなって、利息の支払総額が減るため、IOの価値は下がります。つまり、金利低下時にIOは値下がりします。一般の債券とは金利変動に対するリスク特性が逆になっているわけです。

反対に金利が上がって期限前償還率が低くなると、利息が支払われる期間が長くなって利息の支払総額が増えるため、IOの価値は増加します。

ただし、金利が上昇すると将来のキャッシュフローの現在価値が下がるという効果があるため、金利が上昇しすぎた場合にはその効果によって価値が下がるケースも出てきます。このように、IOは一般の債券とはかなり異なった価格特性を持つ債券といえます（図表4-5）。

POやIOは、パススルー証券を担保にして発行されることが多く、パススルー型証券の派生商品（デリバティブ）として位置付けられます。RMBSへの投資ポートフォリオを持つ投資家などの間で、リスクをヘッジしたり調整したりするのに用いられます。

図表4-5　IOとPOの価格特性

金利と価格の関係（イメージ）

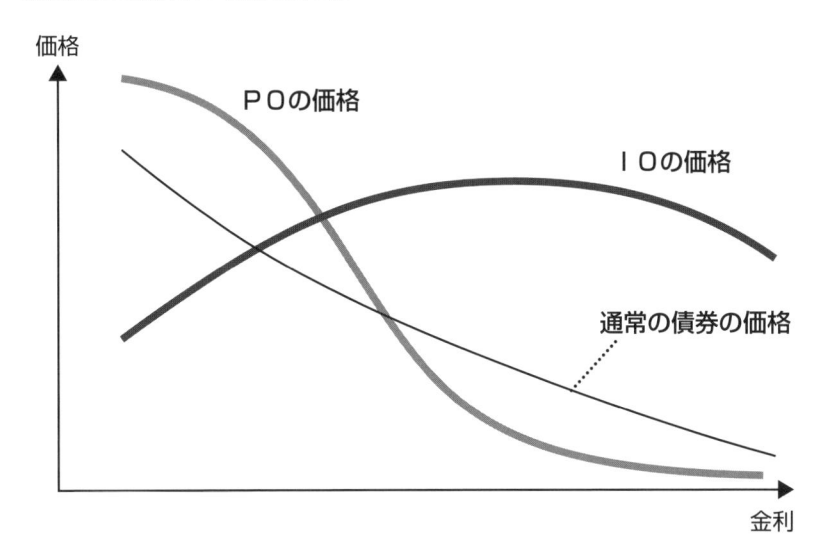

価格

POの価格

IOの価格

通常の債券の価格

金利

4-8
商業用不動産を担保とした貸出を証券化したCMBS

　住宅ローンを裏付資産とするRMBSに対して、商業用不動産を担保とした貸出を証券化したものを「CMBS（Commercial Mortgage Backed Securities）」といいます。
　商業用不動産は、テナント（賃借人）をとって賃料収入を得ることができる不動産です。収益不動産という言い方をするときもあります。賃貸マンション、商業ビルやショッピングセンターなどの商業施設、ホテル、倉庫などの物流施設、オフィスビルなどが主な対象です。
　とくに時価金額が大きい複合施設（オフィスと商業施設、あるいは賃貸マンションなどが組み合わさったもの）は、巨額な証券化の対象となりやすいものといえます。
　RMBSと比べた場合のCMBSの特徴としては、以下のようなものがあげられます。

RMBSとCMBSの特徴の違い

◎期限前償還リスクの違い
　CMBSは基本的には期限前償還リスクがないか、あっても小さいので、RMBSのようなパススルー型証券ではなく、通常のABSと同様の優先

劣後構造による複数トランシェによる資金調達が一般的な形態となります。

◎分散が効かないケースが多い

CMBSは担保物件の時価金額が大きいものが多いので、物件の分散が効かないケースが多く、特定地域もしくは特定物件に集中する傾向があります。

◎個別物件への依存度が高い

したがってCMBSは、担保物件の分散度合よりも、物件の立地や集客力など個別不動産の収益力の分析・評価が重要となります。

◎事業の証券化に近い性質を持つ

商業不動産担保ローンの場合は、債務者の給与などから返済を受ける住宅ローンとは違って、実際に担保不動産をテナントに賃貸して賃料を収受しなければキャッシュフローが生まれません（次ページ図表4－6）。そうした意味では、事業が生み出すキャッシュフローを返済原資とする事業の証券化に近い性質を持っており、実際にテナント募集や賃貸管理業務などを行なう事業者にキャッシュフロー創出を依存する部分が出てきます。

◎テナントの重要性

CMBSの返済原資は、元をたどればテナントが支払う賃料です。したがって、テナントの信用力や賃貸契約の内容などもCMBSの評価に大きく影響します。

とくに、オフィスビル、商業施設、物流施設などでは、物件の全部または大半を特定のテナントにまとめて貸し出す場合が多く、そうしたケ

図表4-6 住宅ローンと商業用不動産ローンとの違い

(1) 住宅ローン

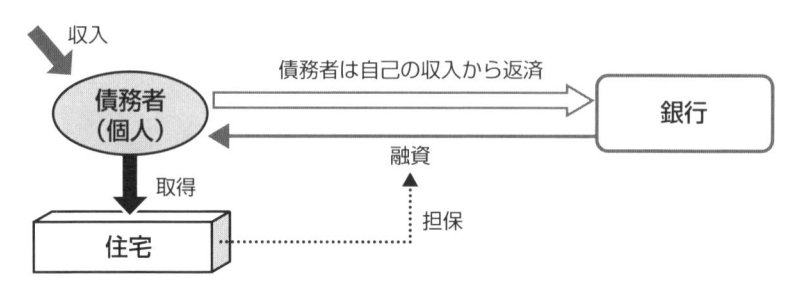

- 収入 → 債務者（個人）
- 債務者は自己の収入から返済 → 銀行
- 銀行 → 融資 → 債務者
- 債務者 → 取得 → 住宅
- 住宅 ⋯ 担保

(2) 商業用不動産担保ローン（ノンリコース型）

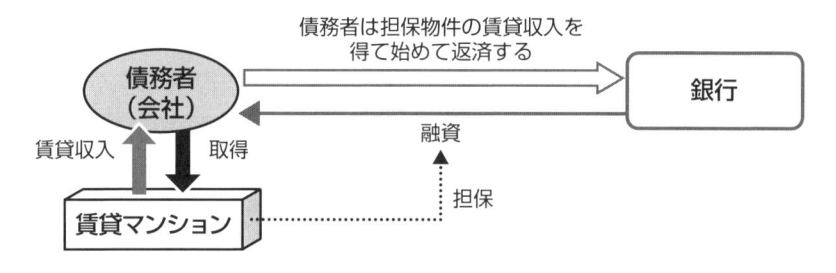

- 債務者（会社）
- 債務者は担保物件の賃貸収入を得て始めて返済する → 銀行
- 銀行 → 融資 → 債務者
- 債務者 → 取得 → 賃貸マンション
- 賃貸マンション → 賃貸収入 → 債務者
- 賃貸マンション ⋯ 担保

ースではテナント・リスクの評価がいっそう重要になります。

たとえば、大口テナントと長期の賃貸契約を結んでいる場合だと、一見すると収入が安定して好ましいように思えますが、いくら長期の契約を結んでいたとしても、そのテナントが倒産してしまえば、すべては絵に描いた餅になってしまいます。

また、そのテナントの信用が十分に高い場合でも、長期の契約が終わった時点で、すぐに新たなテナントが見つかるのか、あるいは、他のテナントに貸し出すときに必要となる改修費用は、誰が、どのくらい負担するのかなど、様々な要素を考慮しなければ担保不動産の評価を適切に

行なうことができません。

◎案件の個別性が強い

　CMBSは、担保物件の特性に応じて収益力や安全性を判断するポイントが異なり、証券化のしくみ自体も案件ごとに個別性が強く見られます。

　このように、CMBSでは個別の物件の評価が大きな意味を持ってきます。立地、建物・設備、賃料の水準や需給動向、テナントの属性や賃貸契約の中身等のほかにも、地震などの災害時のリスクなどを考慮する必要があります。
　また、賃貸事業の推進や管理などの事業的側面も重要な要素となります。
　これらの点については、次章の不動産証券化と共通する部分が多いので、そこであらためて見ていくことにしましょう。

第5章

不動産証券化の特徴としくみ

5-1
不動産投資信託（REIT）とは？

　第5章では、不動産そのものの証券化について見ていきましょう。前章で説明したMBSは不動産担保ローンを証券化したものですが、不動産そのものを証券化するのが不動産ファンドです。

　不動産担保ローンは金銭債権の一種であり、それ自体がキャッシュフローを生みます。それに対して、実物資産である不動産は、それを事業化してはじめて金銭収入が得られます。

　そのため、事業計画や実際に事業を行なうオペレーターの評価が重要になってくるなど、事業の証券化に近い内容を持っています（ただし、前章でも触れたとおり、MBSのなかでもCMBSは同様の性質を持っている）。

　不動産ファンドには大きく分けて、不動産投資信託（REIT）とそれ以外の狭義の不動産ファンドがあります。まず最初に、不動産投資信託について見ていきます。

　「不動産投資信託（REIT；Real Estate Investment Trust：リート）」は、投資信託で商業用不動産を取得し、その賃料収入（および売却益）を投資家に配分するものをいいます。もともと米国で発展した制度を日本に移植してきたもので、そのため、日本の頭文字Jを付けて「J-REIT」といわれることもあります。

投資信託（投信）は、投資家の資金を集めて、一定の方法で投資・運用し、その収益を投資家に配分するしくみで、「契約型投資信託」と「会社型投資信託」があります。

日本では、株式投信や公社債投信など一般の投資信託は前者の契約型投信になっています。契約型投信とは、要するに信託口座を受け皿とした投資信託です。

投資家の投資資金は信託銀行に設定される信託口座に預託され、ファンド・マネージャーとしての投信委託会社による売買指図によって、信託銀行が株や債券の売買を行ないます。投資家は、その信託口座の受益権者となり、その収益の分配を受けます（図表5－1）。

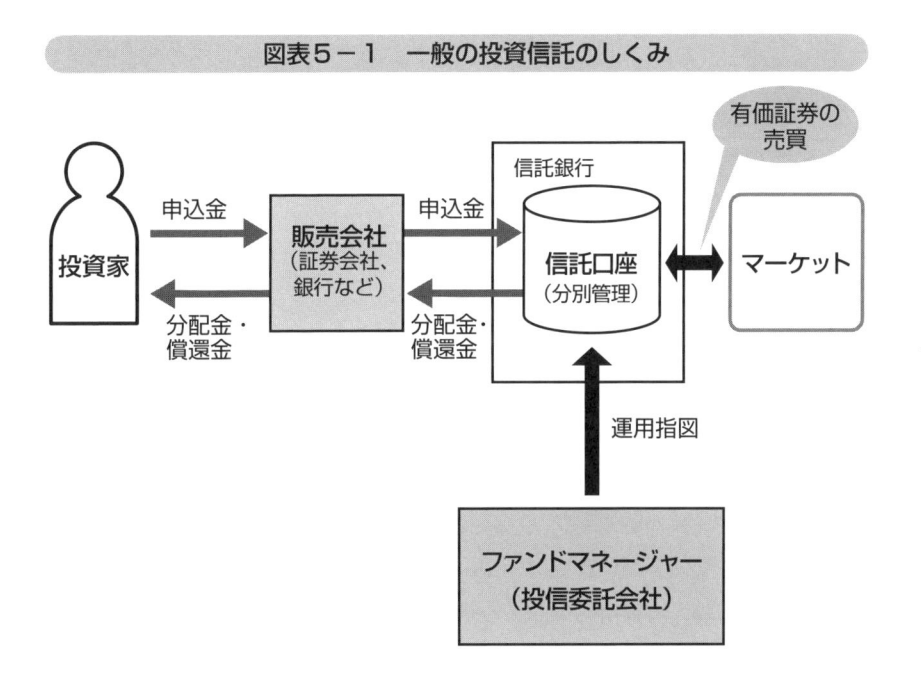

図表5－1 一般の投資信託のしくみ

投資家 →申込金→ 販売会社（証券会社、銀行など）→申込金→ 信託銀行 信託口座（分別管理）↔ マーケット（有価証券の売買）

販売会社 →分配金・償還金→ 投資家

信託口座 →分配金・償還金→ 販売会社

ファンドマネージャー（投信委託会社）→運用指図→ 信託口座

一方、会社型投信は、投信法で定められる手続きに沿って投資法人を設立し、その投資法人が投資家の資金を集めて投資・運用するスキームです。投資法人は一般の証券化におけるSPVに該当するもので、実際の運用方針策定や売買指図などはファンド・マネージャーに委託されます。米国では日本の投資信託に相当するミューチュアル・ファンドという制度がありますが、これは会社型投信にあたります。
　不動産投資信託（REIT）に関しては、契約型も会社型もどちらも可能ですが、ほとんどのケースで投資法人を用いた会社型投信が用いられています。

5-2
J-REITのしくみ

投資法人とはどんなものか？

　J-REITの基本的なしくみは次ページ図表5-2のとおりです。

　まず、J-REITの設立母体となるのが「スポンサー企業」です。スポンサー企業の多くが不動産会社や、不動産事業に関与している商社・金融機関などで、系列の不動産投資顧問会社が運用を受託するケースが一般的です。この運用を任される会社は一般のファンド・マネージャーに相当しますが、不動産の場合はとくに「**アセット・マネージャー(AM)**」という言い方をします。

　「投資法人」は、会社型投資信託のための特殊な法人で、いわば法律で明示的に規定されたSPVといえます。導管体としての性質も備えていて、配当可能利益の90％以上を投資家に配当として支払う場合に、その配当を損益に参入することが原則として認められます。

　通常の企業であれば、事業利益に法人税が課税されたうえで税引後利益から配当が支払われるので、損金としては扱われていません。配当を受け取った投資家からすると、受取配当には所得税または法人税がかかるので、もとの企業と投資家の二段階で課税をされていることになり、二重課税の問題が発生します。

図表5-2　REITのしくみ

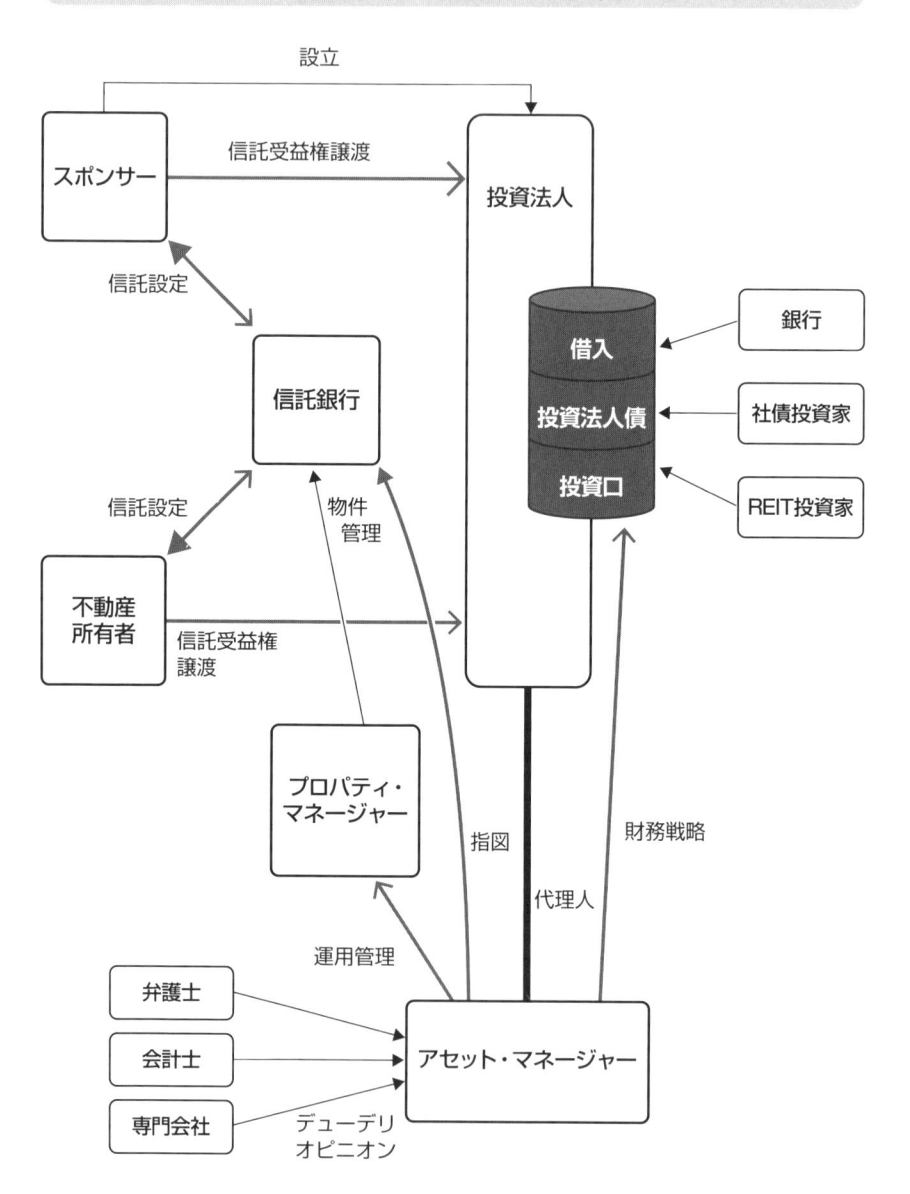

J-REITの場合、配当が損金に算入されるということは、その分の利益に法人課税がされないということなので、二重課税を回避し、導管性を確保することができるわけです。

　たとえば組合契約では、組合事業から得られる利益は組合員の利益として課税され、組合の段階では課税されません。このように、中間段階でそもそも課税されないしくみになっているものを「**パススルー課税**」といい、J-REITのように配当を損金に算入して二重課税を回避する課税方法を「**ペイスルー課税**」といいます。

　ただし、この90％超ルールが適用されるためには、特定の投資主（株主に相当）が議決権の50％以上を保有していないなど、投資法人の独立性や中立性が保たれている必要があります。

　実は、このJ-REITの導管性が揺らいだ事例が2007年にありました。FCレジデンシャル投資法人（現在は合併により「いちご不動産投資法人」）の投資口が特定の投資家に買い占められ、90％超ルールが不適用となる事態が発生したのです。

　J-REITの導管性は無条件のものではなく、条件付きのものである点には注意が必要です。

資金調達と物件取得

　投資法人の資金調達手段としては、まず一般の企業の株にあたる投資口（投資証券）があります。投資口は株と同じで、企業側に買い取り・償還義務がないため、投資家が換金するためには他の投資家に売却しなければなりません。

　この投資口が取引所に上場されている場合は、一般の上場株と同じように取引所取引で売買して換金することができます。一般に、〝J-REIT〟

という場合、この上場された投資法人投資口のことを指しているケースが一般的です。

　投資法人は、それ以外にも銀行借入や社債発行で資金調達をすることができます。銀行借入の場合は、運用している不動産を担保にした「非遡及型（ノンリコース）ローン」を借り入れます。社債の場合は、「投資法人債」というものを発行します。投資法人債は広義のABSの一種で、返済資金が担保不動産からの収入に限られる責任限定特約が付いています。
　投資法人はこうして調達した資金を使って商業用不動産を取得しますが、通常はこれらの物件は信託銀行に信託され、投資法人はその信託受益権を取得する形を取ります（図表５－３）。
　これは、信託することで不動産の管理業務を信託銀行に委託できることに加え、不動産取引にかかる課税を簡素化できることが大きな目的です（142㌻図表５－４）。
　通常、現物不動産を取得した場合は「不動産取得税」という税がかかります。また、第三者対抗要件となる所有権移転登記に際し、「登録免許税」がかかります。信託の場合は、これらが大幅に軽減されます。
　まず、不動産を信託（信託銀行への信託譲渡）するときに不動産取得税は課税されません。さらに、登録免許税は軽減措置が適用されます。次に、信託受益権を売買するときには、不動産ではなくて信託受益権（「みなし有価証券」と位置付けられる）の売買と見なされるため、不動産取得税も登録免許税も課税されません。
　事務・管理上のメリットに加え、こうした不動産取引関連税の負担軽減メリットがあるため、J-REITでは信託受益権の取得という形で不動産を取得します。これは、第５章－７で説明する私募不動産ファンドでも基本的に同様です。

第5章　不動産証券化の特徴としくみ

図表5-3　信託受益権売買のしくみ

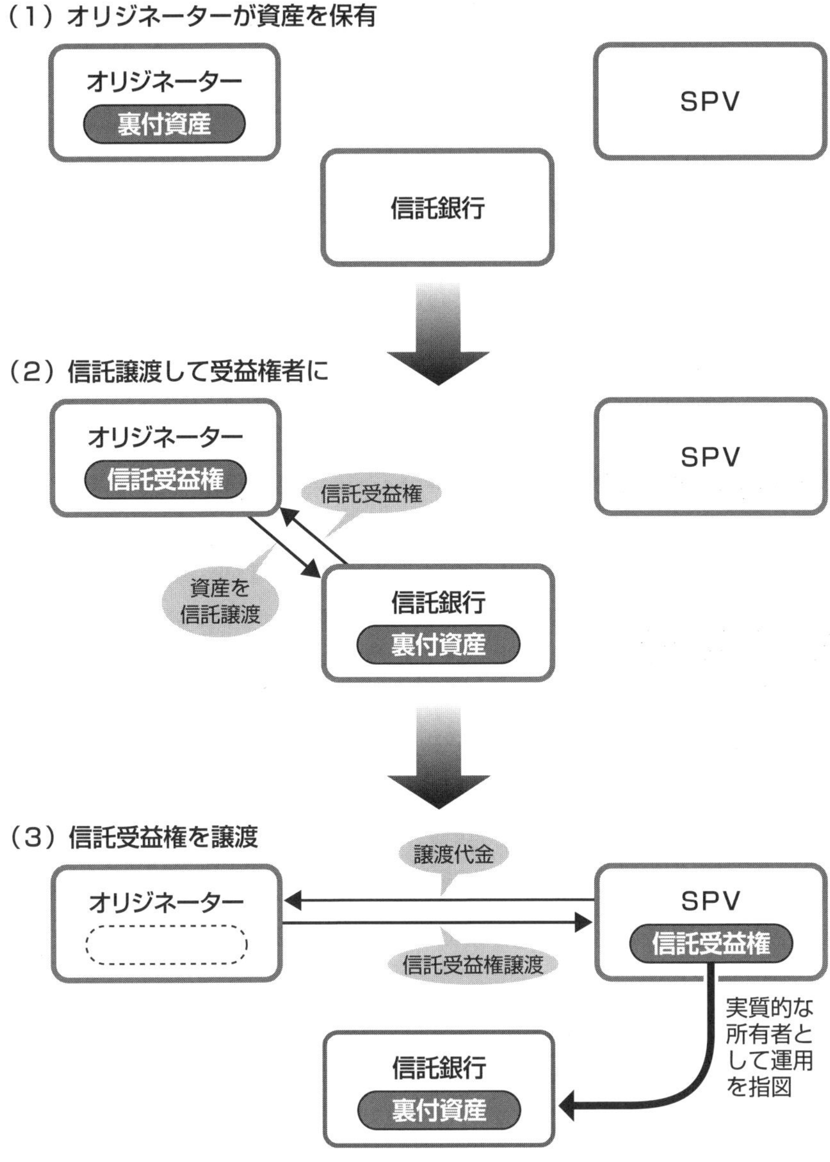

(1) オリジネーターが資産を保有

- オリジネーター（裏付資産）
- SPV
- 信託銀行

(2) 信託譲渡して受益権者に

- オリジネーター（信託受益権）
- SPV
- 信託銀行（裏付資産）
- 資産を信託譲渡
- 信託受益権

(3) 信託受益権を譲渡

- オリジネーター
- SPV（信託受益権）
- 信託銀行（裏付資産）
- 譲渡代金
- 信託受益権譲渡
- 実質的な所有者として運用を指図

141

図表5-4 不動産取得税と登録免許税の税率

不動産取得税　　　　　　　　　　　　　　　　　　　　　　　（2012年9月末日現在）

取得日	土地	家屋	
		住宅	その他
2008（平成20）年4月1日から 2015（平成27）年3月31日まで	3%	3%	4%

登録免許税

	一般	信託
本則	2.0%	0.4%
特例 2013（平成25）年3月31日まで	1.5%	0.3%

（出所）　国税庁

5-3 アセット・マネージャーとプロパティ・マネージャーの役割

　投資法人はSPVの一種です。業務を行なうスタッフはいません。そこで、実際の業務はそれぞれ専門の会社に委託されることになります。

　まず、物件の名義上の所有者は信託銀行となり、信託銀行が様々な管理業務を行なうことになりますが、信託銀行はあくまでも受益権者の指図によって管理業務を行ないます。その受益権者としての投資法人の指図を代行するのが「**アセット・マネージャー**」です。

　アセット・マネージャーが行なう業務には、以下のようなものがあります。

アセット・マネージャーが行なう業務
- 取得する不動産の選定と物件精査（デューデリジェンス）
- 物件取得のための資金調達のアレンジ（投資法人としての財務戦略）
- 取得後の不動産運営方針策定と運営管理（実際の業務は別の会社＝プロパティ・マネージャーに委託）
- 物件の売却や入れ替えの方針策定

　結局、REITの運用方針はアセット・マネージャーが決めているわけで、

このアセット・マネージャーの運用力こそがJ-REITの収益性や商品性を決めることになります。

アセット・マネージャーは一般のファンドにおけるファンド・マネージャーに相当しますから、ファンドの良し悪しが基本的にファンド・マネージャーによって左右されるのと同じことです。

さて、一般の有価証券の運用であれば、運用方針を決めて売買を実行すれば、取得した有価証券がキャッシュフローを生んでくれるわけですが、実物資産の場合はそれを収益化するために実際に事業を行なう事業者が必要となります。

前述の通り、事業の方針（どのようなテナントを募集し、どのような賃料で貸すかなど）はアセット・マネージャーが決めますが、実際の業務については専門の不動産会社に委託します。この事業者を「**プロパティ・マネージャー（PM）**」と呼んでいます。

プロパティ・マネージャーは、不動産の所有者である信託銀行の委託を受ける形になりますが、実際にはアセット・マネージャーによって選定され、アセット・マネージャーの運用方針に沿った形で事業を行なうことになります。

商業用不動産から実際に収益を上げるためには、テナント（賃借人）を勧誘し、賃貸契約を結び、実際に賃料を徴収する必要があります。また、テナントに物件の適正な使用を促したり、あるいはテナントの要求や不満に応えたりすることも必要です。これらを「**リーシング業務**」といいます。

プロパティ・マネージャーは、アセット・マネージャーの方針に沿いながら、こうしたリーシング業務の計画をまとめ、実行していきます。

不動産は実物資産ですから、その品質を維持・管理することも重要で

す。物件が汚れるままに放置されていたり、経年劣化に対して何の補修も行なわなければ、不動産としての価値は下がり、賃料収入を得られなくなっていきます。そこで、プロパティ・マネージャーは、アセット・マネージャーの方針に沿いながら、建物管理業務をあわせて行ないます。

　プロパティ・マネージャーには、賃貸管理業務を行なっている不動産会社が選定されます。

5-4 デューデリジェンスと地震リスクへの対応

不動産ファンドにおける建物の取得時には、当然ながらデューデリジェンス（第3章-1参照）が行なわれます。

不動産に関しては、

・権利や区画・境界が画定しているか
・近隣との係争はないか
・環境汚染・土壌汚染などの問題はないか
・建物が建築基準法や各自治体の条例などに沿って建てられているか
・建築基準法上の建築確認を取得しているか

など、多岐にわたる調査が必要です。その際、専門の調査会社に調査を依頼し、「エンジニアリング・レポート」と呼ばれる調査報告書を徴求します。

また、地震の多い日本では、不動産投資において地震リスクを無視することができません。地震で建物が全壊でもしてしまったら巨額の費用をかけて立て直さないかぎり収益を生み出さなくなってしまうのです。

そこで、REITなど不動産ファンドに組み入れられる不動産（建物）は、

基本的に1981年の新耐震基準施行以降の建物であることが原則となります。

　地震によって建物に損害を被るリスクとして「PML（Probable Maximum Loss：予想最大損失）」が測定され、このPMLが一定値以下のものが組み入れられます。
　PMLが一定値以上の物件はそもそも組み入れられないか、場合によっては地震保険を付保することを条件に組み入れます。
　PMLというのは、過去の地震データをもとに一定のルールで計算される地震リスクの大きさを表わす数字です。具体的には、50年に10％の確率で起こると想定される規模の地震（別の言い方をすると475年に一度起きると想定される規模の地震）が起きたときに、建物価値の何％が毀損するかを試算したものです。
　このPMLの測定は、デューデリジェンスの一環として行なわれます。

5-5
価格の妥当性を どう判断するか

　不動産は、有価証券のように市場で価格が形成されているものと違い、適正な取引価格が必ずしも明確にはなっていません。ファンドの投資家にとっても、組み入れられた物件が適正価格で取得されたものなのか、判別するのは簡単なことではありません。そのため、不動産取得価格の妥当性の判断は不動産ファンド組成における重要な要素となっています。
　適正価格の判定には、「不動産鑑定書」を取得します。REITなどの場合、取得した鑑定書に記載された価格（鑑定価格）の上下数％以内を適正価格とし、かつ最終的な投資判断の是非はコンプライアンス委員会などの意思決定機関で決定するというような投資基準を設けていることが一般的です。

　鑑定価格の計算方法にはいくつか種類があるのですが、不動産ファンドに用いられるのは「**収益還元法**」というやり方です。
　これは、収益不動産（商業用不動産）が生み出す収益をもとに不動産の適正価格を算出する方法です（図表5－5）。
　まず、不動産の年間予想賃料収入から諸経費を除いた「**純営業収入（NOI；Net Operating Income）**」を求めます。これを「**還元利回り**」というもので割って求めるのが「**直接還元法**」です。「還元利回り」は、不動産の規模や種類、地域特性や立地条件などを勘案した投資家の期待

図表5-5　収益還元法とは？

NOI　＝　賃料収入　－　維持管理費用
（純営業収入）

直接還元法

$$\text{収益価格} = \frac{\text{NOI}}{\text{還元利回り}}$$

DCF法

$$\text{収益価格} = \frac{\text{NOI(1年目)}}{(1+R)^1} + \frac{\text{NOI(2年目)}}{(1+R)^2} + \frac{\text{NOI(3年目)}}{(1+R)^3} + \cdots + \frac{\text{売却想定価格(n年後)}}{(1+R)^n}$$

※ R ： 還元利回り

利回りです。これも明示的な水準があるわけではないのですが、様々な取引事例などをもとに推定して用います。

　不動産が生む予想キャッシュフローを想定し、これを還元利回りで現在価値に割り引いて適正価格を求めるやり方もあります。これを「DCF（ディスカウント・キャッシュフロー）法」といいます。

　DCF法では、何年間かのNOIの推移を予想し、最後に合理的な価格で売却するという想定のもとに予想キャッシュフローを作ります。これを還元利回りで割り引くのです。直接還元法に比べて、様々な要素を織り込んで厳密に価格を計算することができますが、逆に言えば様々な仮定のうえに計算されるものなので、その仮定の妥当性が確保されることが重要になります。

　ただし、いずれにしろ鑑定価格は絶対のものではありません。実際に、

鑑定書は発注者であるアセット・マネージャーの意に沿った形で作られていて、必ずしも中立的な立場で作成されていないケースがあるという指摘も少なくありません。

　そのため、取得価格の妥当性を投資家に納得してもらうためには、鑑定書だけに頼るのは危険です。たとえば、投資判断の最終決定を行なうコンプライアンス委員会などで中立的な専門家をメンバーに加えたりするなど、全体的なガバナンス体制をいかに構築するかが重要です。

5-6 スポンサーと投資家の利益相反

　本章の前項まで見てきたように、投資法人は複数の投資家が共同で不動産投資をするための〝箱〟です。アセット・マネージャーはその代理人ですから、実質的には投資家の代理人といえます。このアセット・マネージャーの存在が、投資家利益を保護するためのキーになっているのです。

　しかし、アセット・マネージャーの多くはスポンサーの系列会社でもあります。

　スポンサーの多くは、不動産会社や開発業者、あるいは（商社や投資銀行を含む）不動産投資家などです。彼らには、所有する物件をREITに高い価格で売却したいというインセンティブが働きます。

　実際に多くのREITでは、設立時に物件を取得する際にスポンサーからまとめて取得するというケースが一般的です。スポンサーにとっては、高い価格で物件を売却できれば利益となりますが、投資家にとっては良質な物件を安く取得することで利益を得られますので、スポンサーと投資家の利益は相反することになります。

　そこで、スポンサーの系列会社であるアセット・マネージャーが本来守らなければならない投資家の利益を犠牲にして、スポンサーの利益を優先するのではないかという問題が持ち上がります。これが利益相反で

す。

　ほとんどのREITのアセット・マネージャーでは、不動産取得に際して、先述したように、

> ・不動産鑑定書を取得してその鑑定価格と大きくかい離しない価格で取引する
> ・外部専門家を含めたコンプライアンス委員会で取引の承認を受ける

などのルールのもとに物件を取得するようにしており、利益相反が起きないようなしくみを導入しています。

　ただし、こうしたルールだけで利益相反を完全に防げるわけではありません。投資主総会（株式会社の株主総会に相当）による実質的な監視機能の強化などのガバナンス強化策や、スポンサー企業、アセット・マネージャーのコンプライアンス意識の徹底など、総合的な取り組みが求められます。

　とくに、スポンサー企業やアセット・マネージャーは、スポンサー企業の短期的な利益を優先して投資家にそっぽを向かれてしまえば、結局はスポンサー企業やアセット・マネージャーの長期的利益を損なうことになるということを理解する必要があります。

　通常の投資信託でも、投資家の代理人であるべき投信委託会社の多くが証券会社の系列であり、投資家の利益よりも親会社の利益を優先するのではないかという問題があります。

　このように利益相反の問題は古くからある問題ですが、関係者が不断の取り組みをすることによって、はじめて成熟した投資環境が整うことになります。

5-7
私募不動産ファンドとは？

REITと私募不動産ファンドの違い

「私募不動産ファンド」には様々な形態がありますが、基本形はREITによく似たしくみを採用しています。以下で、REITと比較した一般的な私募不動産ファンドの特色を簡単にまとめてみましょう。

私募不動産ファンドの特色
・投資法人ではなく、SPC（GK-TKスキーム、後述）もしくはTMK（後述）を使用する形態が多い
・REITでは運用期間の定めがないが、私募不動産ファンドでは運用期間が決められている

私募不動産ファンドでは、運用期限が来ると、（1）物件を売却して売却代金を投資家に分配するか、（2）再度資金を調達（リファイナンス）して、運用を継続するということになります。

◎REITは運用型、私募ファンドは固定型

J-REITでは、アセット・マネージャーの判断で保有物件を追加取得したり、売却したり、入れ替えたりします。これに対して、一般の私募

ファンドでは、あらかじめ運用対象となる物件が決まっているケースが多く、運用物件を頻繁に入れ替えるタイプは一般的ではありません。

◎REITでは見られない開発型という形態がある

通常の不動産ファンドは商業用不動産に投資するものが主流ですが、開発型不動産ファンドでは、不動産開発資金そのものを証券化で調達します。これについては後述します。

GK‐TKスキームとは何か

「GK-TKスキーム」とは、私募の不動産ファンドによく見られる形態で、合同会社をSPCとして用い、それに匿名組合を組み合わせたスキームです。合名会社（Goumei Kaisha、音読みするときは「ごうめいがいしゃ」）と匿名組合（Tokumei Kumiai）の頭文字を取って「GK-TK」といいます（図表５－６）。

匿名組合とは、いくつか種類のある組合のうち、商法535条に規定されている組合です。匿名組合契約は、匿名組合員と営業者から成り、匿名組合員は営業者に出資（匿名組合出資）し、出資を受けた営業者が事業を行なって、その利益を匿名組合員に分配します。

GK-TKスキームでは、SPCとして設立された合同会社が匿名組合契約の営業者となります。そして、投資家から匿名組合出資により、エクイティを調達します。エクイティは前述のとおり（第３章－３参照）、優先劣後構造のうち優先順位が最も劣後する部分ですが、エクイティの中でさらに優先出資と劣後出資の階層を設けることも可能です。

GK-TKスキームでは、一般にノンリコース・ローンによる借入が組

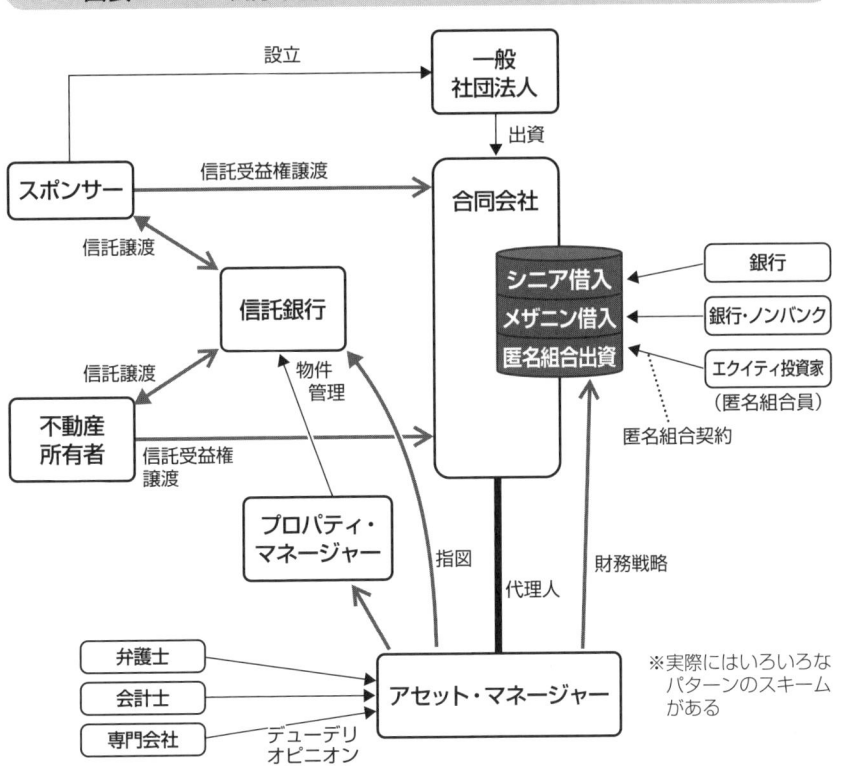

図表5-6 私募不動産ファンド（GK-TKスキーム）のしくみ

み合わされます。ノンリコース・ローンは優先順位の高いシニアローンと優先順位が劣後するメザニンローンに分かれるのが一般的です。そして、残りの部分を匿名組合出資で調達するのです。ノンリコース・ローンによって匿名組合出資にはレバレッジが掛かり、高い利回りを期待することができます。もっとも、その分リスクも高くなっていますので注意が必要です。

ちなみに、会社法が2006年に施行される前は、SPCに有限会社が使わ

れることが多く、「TK-YKスキーム」と呼ばれていました。会社法施行後は有限会社の設立ができなくなったため、代わって新しく規定された合同会社が使われるようになったのです。

なお、会社法施行以前に設立された有限会社は、特例有限会社としてそのまま存続し、社名にも有限会社がついたままとなっていますが、法的には株式会社として扱われます。

なお、会社法施行によって株式会社の設立も容易になっており、合同会社の代わりに株式会社をSPCとして用いることも可能です。ただし、株式会社の場合は大企業規制（負債が200億円を超える株式会社は大企業と見なされて機関設計に制約を受ける）や、会社更生法の適用などの問題もあり、一般には合同会社がSPCとして使われています。

特定目的会社の使用

商法や会社法の一般的な規定を組み合わせて組成されるGK-TKスキームとは違って、「**特定目的会社（TMK；Tokutei Mokuteki Kaisha）**」は資産流動化法に規定されている法人であり、証券化のために用意された制度です（図表5－7）。

特定目的会社は、業務開始にあたって、所轄の財務局経由で内閣総理大臣宛の届出をする必要があります。その届出には「**資産流動化計画**」を添付する必要があり、基本的に特定目的会社はその資産流動化計画に記載された範囲の業務のみを行なうことになります。

資産流動化計画のおもな項目は以下の通りです。

資産流動化計画のおもな項目
・計画期間

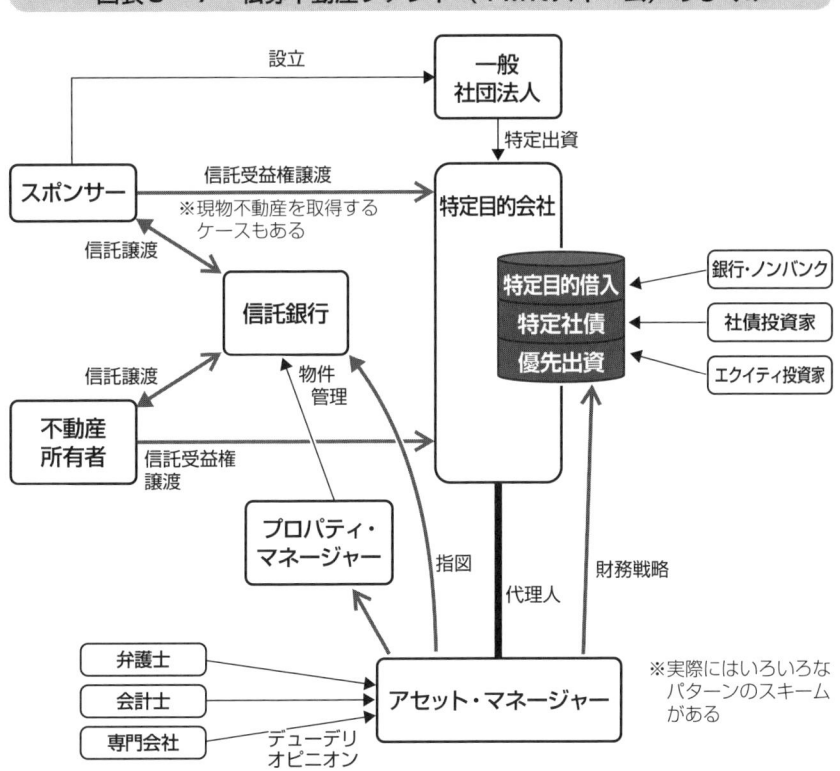

図表5-7　私募不動産ファンド（TMKスキーム）のしくみ

- ・発行証券や借入の内容
- ・取得する資産の内容
- ・資産の管理・処分の方針　など

　特定目的会社の資金調達手段には、「特定目的借入」「特定社債」「優先出資」「特定出資」などがあります。

　特定目的借入はノンリコース・ローンに該当し、特定社債は責任財産

限定特約付きの社債（ABSと同様のもの）に、そして優先出資はエクイティ（GK-TKスキームなら匿名組合出資）に該当します。

優先出資者は、特定目的会社の優先出資社員となりますが、議決権はありません。その代わり証券化事業の配当を優先して受け取ることができます。

一つ残った特定出資ですが、これは通常の会社の資本金に相当するもので、証券化事業のための資金調達というよりも特定目的会社を維持するための資金という性格を持ちます。特定出資者は特定社員として特定目的会社の議決権を持ちますが、証券化事業の収益の配分に関しては最劣後の扱いとなります。

ちなみに、特定目的会社は、それだけでは倒産隔離を果たせないので、通常のSPCと同じように一般社団法人を親法人（特定出資者）とすることで法的な支配権を断ち切ります。

特定目的会社は、導管体として、いくつかの条件を前提に、配当可能利益の90％以上を配当する場合に配当を損金に算入できるというペイスルー課税の適用を受けることができます。

特定目的会社のメリット

特定目的会社は、資産流動化一般を目的とした制度であり、対象資産が不動産には限られません。他の資産でも特定目的会社を使った証券化は可能です。

ただし、特定目的会社は資産流動化計画の提出が義務付けられ、その計画に沿った形でしか運営ができないため、機動的な運営が困難だという欠点があります。

一方、特定目的会社の不動産取得には税制上のメリット（不動産取得税と登録免許税の軽減措置）があるため、通常のREITやGK-TKスキームに比べて現物不動産に投資がしやすいという特徴があります。実際には、信託受益権売買にしたほうが課税軽減効果は大きいのですが、それでもなお私募不動産ファンドでは、このTMKによる現物不動産取得スキームが用いられることがしばしばあります。その背景には、次項で述べる金融商品取引法による集団投資スキーム規制の存在があります。

5-8
集団投資スキームにかかる諸規制 金融商品取引法

　ファンドの運用や募集・販売に関しては「金融商品取引法」の規制を受けます。不動産ファンドについても同様の規制を受けますので、規制の概要を見ておきましょう。

集団投資スキームのしくみと特徴

　出資者から出資を受け、それにより事業を行ない、その収益を出資者に配分するしくみのことを「**集団投資スキーム**」といいます。要するにファンドのことです。組合契約など契約形態にかかわらず、あるいはSPVにどのようなしくみを使うかにかかわらず、経済実態がファンドと見なせるものであれば、この集団投資スキームに該当し、その出資持分（集団投資スキーム持ち分）は有価証券と見なされます（みなし有価証券）。

　集団投資スキームでは、以下の規制を受けることになります。

◎自己募集

　集団投資スキームの出資者が持つ権利（集団投資スキーム持ち分）を投資家に勧誘・募集・販売する行為は金融商品取引業とされ、これを行なうには第二種金融商品取引業の登録が必要になります。

集団投資スキームの営業者（一般の不動産ファンドではSPC）が出資の勧誘・募集・販売を行なうことを「自己募集」とよび、この自己募集を行なう際にも営業者が第二種商品取引業の登録を受けることが必要です。

しかし、第二種金融商品取引業の登録を受けるためには、資本金や組織、人的要件などを満たす必要があり、通常のSPCでは登録を受けることは困難です（次ページ図表5－8）。

ただし、集団投資スキーム持分の勧誘・募集・販売を営業者自身はいっさい行なわず、他の金融商品取引業者に委託する場合には営業者についての登録は不要です。

また、プロ投資家向けのファンド（適格機関投資家等特例業務）の場合にも、この登録は不要になります。

プロの投資家向けかどうかは、以下の要件によって定められています。

> プロの投資家として認められる「適格機関投資家」が1名以上、それ以外の一般投資家が49名以下

この要件を満たしたファンドは、金融商品取引業の登録が必要なく、適格機関投資家等特例業務の届出をすればよいことになっています。

◎自己運用

集団投資スキームの運用を行なうためには、やはり金融商品取引法の投資運用業の登録を受ける必要があります。

匿名組合の営業者が運用を行なう場合（自己運用）は営業者自身が登録を受ける必要がありますが、投資運用業の登録を受けるための要件はさらに厳しくなっています。

最低資本金5,000万円以上の株式会社でなければ、この登録を受ける

図表5-8　金融商品取引業の種類と登録要件

	第一種 金融商品取引業	第二種 金融商品取引業	投資助言・代理業	投資運用業
業務内容	流動性の高い有価証券の販売・勧誘、顧客資産の管理など（証券会社）	流動性の低い有価証券の販売・勧誘など	投資に関する助言、代理（一任契約はできない）	自己運用、投資顧問（一任契約が可能）
組織による制約	株式会社のみ			株式会社のみ
最低自己資本金額	5,000万円	1,000万円～5,000万円（業務内容による）	営業保証金500万円	5,000万円
その他				不動産ファンドの運用を行なうためには「不動産関連特定投資運用業」の要件が求められる。その場合、「総合不動産投資顧問業」の登録を受けているか、それと同等の要件を満たす必要がある

ことはできませんし、それに加え、運用資産について専門ノウハウを持った人材や内部管理のしくみなど、人的・組織的要件も求められます。

とくに不動産ファンドの運用を行なう投資運用業者は「不動産関連特定投資運用業」として、さらに追加の要件を求められます。具体的には国土交通省管轄の不動産投資顧問制度における「総合不動産投資顧問業」の登録を受けているか、それと同等の要件を満たしていることが必要です。

これらの条件をクリアすることは、SPCの場合は事実上困難といっていいでしょう。

そこでSPCの登録が免除されるためには、他の投資運用業者に投資一任契約で運用を一任する必要があります。要するに、投資運用業者であるアセット・マネージャーに運用を一任すればSPCの登録義務は免れることになります。

また、プロ向けのファンド（適格機関投資家等特例業務）であれば、投資運用業の登録は必要なく、届出だけで足ります。

なお、投資助言・代理業の登録を受けたアセット・マネージャーから助言を得て運用を行なうスキームも見られます。ただし、投資助言・代理業者では投資一任契約は結べませんので、一任契約ではなく、かつSPCの自己運用にもあたらないようなスキームを作る必要があります。

たとえば、匿名組合出資者が物件の売買など運用の重要事項に関して最終的な意思決定を行なうようなしくみになっている場合、アセット・マネージャーは投資助言・代理業の登録を受けていればよく、投資運用業の登録は必要ありません。

ただし、こうしたしくみでは匿名組合出資者が事業の判断を行なっていることになり、匿名組合の趣旨に合致しているのか微妙な部分もあり

ます。そこで、弁護士を交えて法的要件を確認しながら慎重にストラクチャリングすることが必要です。

TMK——現物投資スキームのしくみと特徴

「TMK」は資産流動化法で特別に定められた制度であり、業務開始にあたって提出する資産流動化計画に沿った運用が行なわれることから、規制上でも特別の扱いを受けます（図表５－９）。

まず、TMKに対する出資持分は集団投資スキーム持分とは見なされず、金融商品取引業の登録をせずに自己募集を行なうことができます。

図表５－９　GK-TKスキームとTMKの規制上の違い

	出資持ち分の 自己募集	信託受益権での 自己運用	運用委託	現物不動産での 自己運用
GK-TK スキーム	第二種金融商品取引業 ＊適格機関投資家等 特例業務は届出のみ	投資運用業 ＊対象資産が不動産の場合は「不動産関連特定投資運用業」 ＊適格機関投資家等 特例業務は届出のみ	・投資運用業者に一任契約で運用を委託する または ・一任契約にも自己運用にも該当しない形で投資助言・代理業者に助言を求める	投資運用業には該当しないが、不動産特定共同事業に該当
TMK	第二種金融商品取引業には該当しない			投資運用業にも不動産特定共同事業にも該当しない

また、TMKが信託受益権へ投資する場合は金融商品取引法の投資運用業に該当するため、TMK自身が投資運用業の登録を受けるか、投資運用業者に運用を一任する必要がありますが、TMKが不動産に直接投資をする場合には投資運用業に該当せず、したがって投資運用業の登録は必要ありません。

　なお、GK-TKスキームでも不動産に直接投資をすることは可能で、その場合も金融商品取引法の投資運用業には該当しないのですが、課税上のメリットがないことに加え、次に述べる不動産特定共同事業に該当するため、その手続きが必要です。TMKが不動産に直接投資をする場合は、この不動産特定共同事業の手続きも不要となります。

不動産特定共同事業とは？

　「**不動産特定共同事業**」は、不動産特定共同事業法に定められた不動産証券化手法です。

　「**不動産特定共同事業**」は許可制となっています。許可を受けた不動産特定共同事業者が匿名組合契約などにより投資家の出資を受け、不動産事業を行ない、その収益を配分します。不動産特定共同事業の特徴は、以下のことがあげられます。

不動産特定共同事業の特徴
・投資する対象が不動産そのものである（信託受益権ではない）
・事業者（匿名組合の営業者）が許可制であるため、SPVではなく、不動産会社等が事業者となる

　不動産特定共同事業は、一般には、不動産会社などが小口の不動産運

用商品として販売するケースなどに使われています。一般の不動産会社などが事業者となるため、倒産隔離が図られておらず、大口向けの証券化には使いづらい制度でしたが、現在、SPCを使った倒産隔離型の不動産特定共同事業が可能となる法律改正案が審議されていることころです（2012年10月1日現在）。

5-9
不動産ファンドにおける各種の指標

　不動産ファンドの評価では、様々な財務指標が用いられます。以下、その主だったものを紹介しましょう。

キャップ・レートで何がわかる？

　物件の利回りを表わす代表的な指標が「キャップ・レート」です。キャップ・レートは、Capitalization Rateの略で、以下の式により算出されます。

> キャップ・レート＝NOI÷物件の取得価格
> 　ここでNOI（Net Operating Income）は純営業収入
> 　（賃料収入から維持管理費を差し引いたもの）

　この式を見ればわかる通り、キャップ・レートは先ほど説明した不動産の理論価格（鑑定価格）を求めるときの還元利回りに該当するものです。ただし、鑑定価格を求めるときは、キャップ・レートを想定して、それを使って理論価格を求めていたのに対して、ここでいうキャップ・レートは実際の取得価格をもとに算出した利回りです。

キャップ・レートは不動産の収益力を端的に表わすものですが、その水準はエリア、物件の品質、不動産の種類などによって変わってきます。

　たとえば一等地の大型新築オフィスビルなどは、人気があって高い価格で取引されるので、キャップ・レートはその分低くなります。これに対して、立地が良くなかったり、築年数が古い物件などではキャップ・レートは高めになります。キャップ・レートの大まかな水準は、物件の品質と逆比例の関係になるのです。

　ですから、キャップ・レートは高ければいいというものではなく、物件の質と照らし合わせて評価する必要があります。良質の物件だけどキャップ・レートが高いという場合にはじめて、割安な投資ができたと評価することができるのです。

LTVとDSCRで何がわかる？

　物件を取得するのに、不動産ファンドでは様々な資金調達を組み合わせて取得代金を用意するのですが、こうした資金調達のなかで返済義務のある借入（社債発行を含む）の比率がどのくらいかを表わすのが既出の「LTV」です。

　エクイティは返済義務がないため、たとえエクイティのパフォーマンスが悪くても返済不履行という事態にはなりませんが、借入（社債を含む）は返済義務があるため、この返済に支障が生じれば、返済不履行（デフォルト）、つまりは約束違反となって、企業の生死に直結します。

　LTVが低ければ、その借入比率が低いということなので財務的には安定しますが、その代わりエクイティ投資家への配当利回りは低めとなります。LTVが高ければ、レバレッジ効果により投資家への配当利回りが高くなりますが、財務的には不安定になります。その場合、少しの資産価値の下落でエクイティが底をついてしまい、返済義務のある借入

を返済することができない状態（デフォルト）に陥りやすいということになります。

REITでは、LTVは最高でも60％ないしは70％に抑えられているのが普通で、平均では40〜50％くらいの水準となっています。これに対して、私募不動産ファンドは個別性が強く、LTVの水準についても様々なものがありますが、一般にはREITよりも少しLTVが高めのものが多く見られます。

LTVは借入比率を示すのみで、物件の収益力や借入利息の水準などは考慮されていません。そこで、LTVを補完する指標として「DSCR(Debt Service Coverage Ratio)」という指標が用いられます。

> DSCR＝NOIの総額÷支払利息総額

上の式で、キャッシュフローの余裕度を表わします。DSCRが1倍を下回ると利息の支払いにも支障をきたしますので、通常はそうなる以前に一定の水準を設定し、それを下回った場合にはエクイティ投資家への配当を止めてキャッシュ・リザーブに回すといった処置（キャッシュ・トラップ）が取られます。

配当利回りとIRRで何がわかる？

NOIの総額から支払利息総額を引き、さらに建物や設備の減価償却費、修繕費、資本的支出（CAPEX；Capital Expenditure）、そしてアセット・マネージャーへの報酬などのファンド運営経費を差し引いたものが「配当可能利益」となります。資本的支出とは、資産価値を向上させるような建物・設備への追加投資のことを指します。

REITではこの配当可能利益のうち90％以上を投資家に配当することが導管性要件として定められています。
　私募ファンドの場合は組合契約によって導管性を確保しているケースが多いため、こうした要件はありません。また、配当可能利益を超えて配当がされることも多くありますが、この分は会計上の利益ではありませんので、出資金の返還と見なされることになります。

　さて、運用期間の定めのないREITでは、この配当（投資口一口あたり）を投資口価格で割った配当利回りが、投資家にとっての収益性を表わす指標となります。
　もちろん、配当利回りが高いに越したことはないのですが、アセット・マネージャーの力量が高く、組み入れられている物件の品質も高い場合には、REIT投資口の価格も高くなり、配当利回りは低めとなります。逆に、アセット・マネージャーの力量に疑問がつくケースや、物件の品質が高くない場合は、投資口の価格は低迷し、配当利回りが高めとなります。ですから、単純な高い低いではなく、ファンドの実力を勘案した総合的な評価が必要です。

　一方、運用期間の定めのある私募ファンドのエクイティ投資の場合には、運用期間が終わったときの物件の売却価格（エグジット価格）が運用成績に大きく影響します。したがって、配当利回りだけではファンドの収益性を正確に測ることができないため、物件売却を含めた総合的な利回り（想定利回り、あるいは期待利回り）が重視されます。
　そこで、エクイティ投資家の出資に対して、期中の配当、運用期間終了時の物件売却損益の配分を含めてどのくらいの利回りを提供できるのかを示す指標として「IRR（Internal Rate of Return）」が用いられます（図表5－10）。

図表5-10　IRRとは？

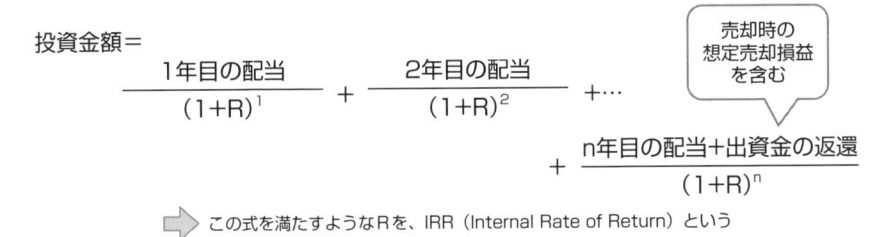

$$投資金額 = \frac{1年目の配当}{(1+R)^1} + \frac{2年目の配当}{(1+R)^2} + \cdots + \frac{n年目の配当 + 出資金の返還}{(1+R)^n}$$

（売却時の想定売却損益を含む）

⇒ この式を満たすようなRを、IRR（Internal Rate of Return）という

　IRRが高ければそれだけ高収益を期待できるのですが、一般にLTVを高めにするとレバレッジが掛かり、IRRは高くなります。しかし、レバレッジが掛かっていると大きな損失が発生しやすくなります。つまり、IRRの高さはリスクの大きさとは表裏の関係にあることが多く、やはり単純にIRRの高さだけで評価することはできません。あくまでも投資物件の質や、証券化スキームの全体的な構成も含めて総合的に評価することが重要です。

NPVとNAVで何がわかる？

　「NPV（Net Present Value：純現在価値）」は、物件が生み出すキャッシュフローを現在価値に引きなおしたものと、物件の取得価額の差額です。

> NPV＝将来のキャッシュフローの現在価値合計－取得金額

　上記の式から、NPVは物件が生み出す期待リターンを金額で表わしたものといえます。

一方、「NAV（Net Asset Value：純資産価値）」は、ファンドの持つ資産の価値（時価）から負債の価値（時価）を引いたものです。

> NAV＝資産の価値－負債の価値

　NAVは会社の純資産額に相当するものです。REITなどの場合、投資口価格を一口あたりのNAVで割ったものを「**NAV倍率**」といいます。通常の株式のPBRに概念的には似ています（PBRの純資産価値は簿価ベース）。

　REITの投資口価格の割安さを判定するのに使う指標ですが、NAV倍率は投資家人気のバロメーターでもあるので、やはり単純にNAV倍率が低ければいいとはいえません。

5-10
開発型不動産ファンドは一般の不動産ファンドとリスクが異なる

　一般の不動産ファンドでは、すでに完成された商業用不動産に投資をします。これに対して、開発型不動産証券化は、まだ完成していない不動産の開発資金を証券化で集める手法です。

　まず、借入や投資家から集めた資金の一部で土地（信託受益権）を購入します。さらに建設会社などに発注して不動産を開発します。開発する不動産は商業用不動産でも分譲用の不動産でも構いません。開発が終わり、完成した不動産は売却され、その売却資金が借入の返済や投資家への配当にあてられます（次☞図表5－11）。

　基本的なしくみは一般の不動産ファンドと共通していますが、リスクの性質は大きく異なります。

◎開発型不動産ファンドのリスク

・取得する用地に関して、複雑な権利関係を調整する必要があったり、土壌汚染などがあった場合に対策費が必要になるなどのリスクがある
・不動産開発には様々な許認可が必要であり、それをクリアするために開発計画を変更したり、余計なコストがかかるリスクがある
・近隣住民とのトラブルを抱えるリスクがある
・建設資材の高騰、当初予定していた建設会社の経営破綻など、建設が予定通りに進まなかったり、予定を上回るコストがかかるリスクがあ

図表5-11 開発型証券化の概要

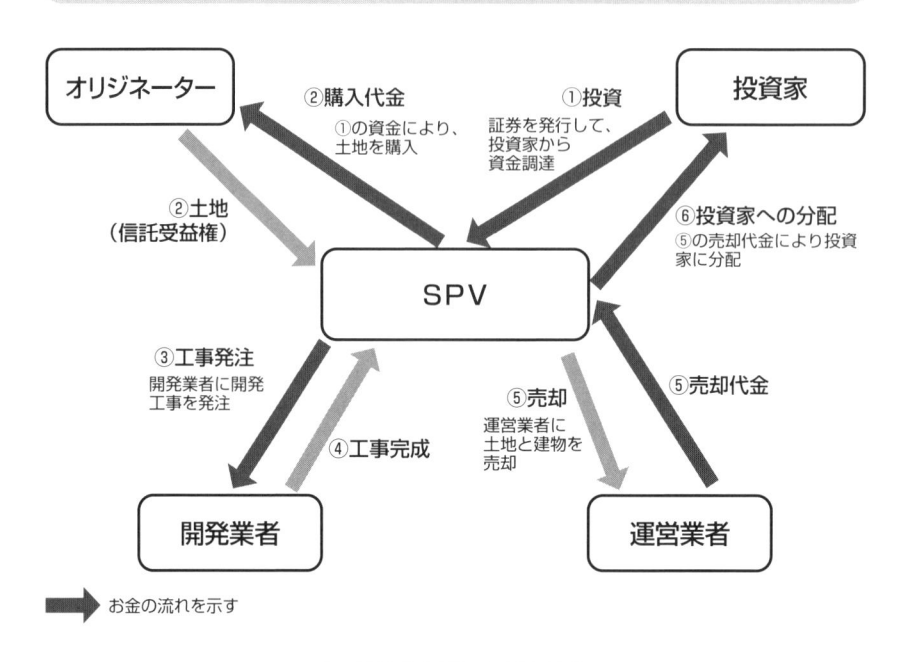

- オリジネーター
  - ②購入代金：①の資金により、土地を購入
  - ②土地（信託受益権）
- 投資家
  - ①投資：証券を発行して、投資家から資金調達
  - ⑥投資家への分配：⑤の売却代金により投資家に分配
- SPV
- 開発業者
  - ③工事発注：開発業者に開発工事を発注
  - ④工事完成
- 運営業者
  - ⑤売却：運営業者に土地と建物を売却
  - ⑤売却代金

➡ お金の流れを示す

開発型証券化の手順

① 証券を発行して、投資家から資金調達
　↓
② ①の資金により、土地（信託受益権）を購入
　↓
③ 開発業者に開発工事を発注
　↓
④ 工事完成
　↓
⑤ 運営業者に土地と建物を売却
　↓
⑥ ⑤の売却代金により投資家に分配

る
・開発が終了し、不動産を売却する時点での不動産市況に大きく依存する

　これらのリスクをしっかりコントロールして、開発と売却をスケジュール通りに成功させるためには、開発事業をコントロールするプロジェクト・マネージャーの高い力量が求められます。

第6章

債務担保証券の特徴としくみ

6-1
内部格付を使用して信用力を判定する

債務担保証券とは？

「債務担保証券（CDO；Collateralized Debt Obligation）」とは、企業向けの貸出や社債を裏付資産とする証券化商品です。銀行の企業向け貸出を証券化するもの（「CLO；Collateralized Loan Obligation」）のほかに、社債を証券化するもの（「CBO；Collateralized Bond Obligation」）や、クレジットデリバティブを証券化するもの（シンセティックCDO）があります。基本的なスキームは一般のABSと変わりませんが、一般のABSの主流である小口金銭債権の証券化に比べると、以下のような特徴があります。

> **債務担保証券の特徴**
> ・小口金銭債権に比べると債権一件あたりの金額が大きく、したがって個別債務者の信用力の判断が重要になる
> ・債務者の信用力の判断については主に格付が用いられる。CBOやシンセティックCDOでは格付会社による格付が主に使われるが、銀行ローンの場合は銀行の内部格付が使われる場合が多い
> ・（とくに銀行ローンの場合）特定の債務者、あるいは特定地域、特定セクターに融資が集中する場合など、集中リスクへの考慮が

必要
- （CBO、シンセティックCDOの場合）バランスシート型ではなく、アービトラージ型の証券化が一般的
- （シンセティックCDOの場合）投資家のニーズに応じて柔軟な商品設計が可能で、とくにシングル・トランシェと呼ばれるものは仕組債に似た性質を持っている

　以上を踏まえたうえで、本章ではさらに詳しくCDOの特徴を見ていくとともに、裏付資産ポートフォリオの集中リスクや相関リスクについても見ていくことにしましょう。

内部格付（社内格付）とは？

　消費者向けなど小口金銭債権では、個別の債務者への債権残高が債権ポートフォリオ全体に占める比率はきわめて小さく、個々の債務者の特性よりも、ポートフォリオ全体で見た返済比率の水準や傾向が重要になってきます。これに対して、銀行貸出では個別の債務者への融資残高の比率がやや高めで、ときに大きな比重を占める大口融資先も存在します。
　こうした特徴がある銀行貸出では、個別の債務者の信用力と、それらの相関関係が重要な意味を持つことになります。

　まず、個別の債務者の信用力については、格付会社による格付があればそれを使って評価することができます。
　証券化では、裏付けとなっている債権がどのくらいの確率で貸し倒れ、そのときにどの程度の損失を被りそうかということを定量的に評価することが求められます。格付が付与されている場合は、格付会社が公表している過去の実績から「その格付が付いている債務者が返済不能（デフ

ォルト）となる確率がどの程度で、そのときの損失率がどのくらいか」ということを統計的に見積もることができます。

　ただし、銀行ローンの場合、融資先に格付が付いているケースばかりとは限りません。
　銀行ローンの貸出先は、大企業だけでなく中堅企業、そして中小企業と幅広く分布しています。格付は、一般的に社債を発行している大企業を中心に付けられているので、銀行の融資先には格付のない会社も多く含まれているのが普通です。
　もっとも、銀行は融資については専門のノウハウを有しており、社内の審査によって融資先の信用力を細かく分類しています。これを「社内格付」とか「**内部格付**」といいます。一般に、銀行ローンの証券化ではこの内部格付を信用力の判定に用いることができます。

銀行の内部格付をどう見るか

　銀行の内部格付には、その内部格付を持つ債務者が過去どのくらいの確率で貸し倒れとなり、そのときにどのくらいの損失が発生したかという実績データが結び付いていますので、それをもとに貸出先のリスクを定量的に見積もることが可能です。
　また、投資家にわかりやすくするために、その内部格付をリスクの大きさにより格付会社の格付に紐付ける（マッピング）などの手法が用いられることもあります。
　後でまた触れますが、貸出ポートフォリオのリスクは、個別の債務者の信用力だけではなく、債務者間の信用力の相関関係も重要です。具体的には、貸出先を業種や地域、企業規模などに分けて分類し、特定のセグメントに融資が偏っていないかどうかをチェックします。

大口融資先があるなど、特定の債務者に大きな残高があるポートフォリオや、特定のセグメントに偏っている場合は、そうした大口先が破綻したり、特定セグメントが大きなダメージを受けたりしたときのことを考慮して、慎重にリスクを評価する必要があります。

6-2
ローン・ポートフォリオの リスクの見積もり方（1）

債務者が一社のときのリスク

　ローン・ポートフォリオのリスクを考えるために、債務者が一社のケースからスタートして、順次その数を増やしていくとリスクがどう変化するかを見てみましょう。なお、ここでは、債務者間の相関関係はとりあえず無視します。

　まず、債務者が一社だけのケースで、この債務者をAとします。この債務者Aがデフォルトしてしまうと、Aに対する融資に損失が発生します。

　債務者Aには格付が付与されていて、その格付に属する債務者が過去どのくらいの割合でデフォルトに陥ったかということがわかるとします。基本的には過去のデータが十分にある場合、将来も同程度の確率でデフォルトが起きると考えることができます。このように見積もられたデフォルトが起きる確率を「デフォルト確率（PD；Probability of Default）」といいます。

　デフォルトした場合でも、貸出債権は完全にゼロになってしまうわけではなく、返済可能な資金があれば一部でも返済を受けることができます。当初の貸出元本に対してデフォルトが起きたときに返済される割合を「回収率」といいます（実際には破綻債権は最終的な回収率を見込ん

だ価格、たとえば、当初元本の10％とか20％などで取引される。実務上は、この破綻債権の取引価格を回収率として扱う）。

デフォルトしたときの損失額は、

> デフォルト時の損失額＝貸出元本×（１－回収率）

となります。

したがって、（１－回収率）はデフォルト時の損失率を表わしており、これを「LGD（Loss Given Default）」と表記します。

債務者AのPDが2.0％でLGDが80％（回収率が20％）としましょう。債務者Aに対する期待損失率は、

> 期待損失率＝PD×LGD
> 　　　　　＝2.0％×80％
> 　　　　　＝1.6％

となります。

債務者数とリスクの関係

次に、このAと、同じ格付の債務者Bという二人の債務者がいるローン・ポートフォリオを考えてみましょう。債権金額はA向けとB向けで同額とします。計算を簡単にするために、ここからは回収率＝０％として話を進めます。つまり、LGD＝100％なので、貸出の期待損失率はデフォルト確率に等しい２％となります。

債務者数が増えた場合、ローン・ポートフォリオ全体の期待損失はいくらになるでしょうか。これは、Aに対する債権とBに対する債権の損

失率の平均となりますので、債務者数が増えても同じ2.0％のままです。

ただし、ポートフォリオに損失が発生する確率は変わります。**図表6－1(a)** で示したように、どちらの債務者もデフォルトを起こさない、いわば無傷の確率は96.04％に下がり、残りの3.96％は一社以上のデフォルトが発生します。一方で、A、Bどちらもデフォルトに陥って全損と

図表6－1(a) 債務者が増加していくと……

債務者のデフォルト確率	**2％**
債券ポートフォリオの期待損失率	**2％**

〈債務者が1社の場合〉

デフォルトしない確率	**98％**（無傷）
デフォルトする確率	**2％**（全損）

⬇

〈債務者が2社の場合〉

1社もデフォルトしない確率	**96.04％**（無傷）
1社がデフォルトする確率	**3.92％**
2社ともデフォルトする確率	**0.04％**（全損）

⬇

〈債務者が3社の場合〉

1社もデフォルトしない確率	**94.119％**（無傷）
1社がデフォルトする確率	**5.762％**
2社がデフォルトする確率	**0.118％**
3社ともデフォルトする確率	**0.001％**（全損）

※デフォルト時損失率は100％とする（回収率＝0％）

なる確率はわずかに0.04%となります。

債務者の数がさらに増えたケースは簡単に計算できます。**図表6-1(a)**では、同じデフォルト確率を持ち、相関のない債務者が3社のケースまでを、また、**図表6-1(b)**では同様に債務者数が10社のケースを例示しています。

図表6-1(b) さらに債務者が増加していくと……

〈債務者数が10社のケース〉
債務者のデフォルト確率＝2%

デフォルトする債務者の数	損失率	その確率		LTVを以下に設定すると……	損失率を被る可能性は……	
0	0%	81.707%		100%	18.293%	
1	10%	16.675%		90%	1.618%	⇐BBB
2	20%	1.531%		80%	0.086%	
3	30%	0.083%		70%	0.003%	⇐AAA
4	40%	0.003%		60%	0.000%	
5	50%	0.000%		50%	0.000%	
6	60%	0.000%	合計値	40%	0.000%	
7	70%	0.000%		30%	0.000%	
8	80%	0.000%		20%	0.000%	
9	90%	0.000%		10%	0.000%	
10	100%	0.000%		0%	0.000%	

債務者の数が増えるに従って、無償でいられる確率は下がっていきますが、ポートフォリオの大半が毀損するような大きな損失が発生する確率も下がり、やがて限りなくゼロに近づいていきます。

債務者が10社のケースを例に取りましょう。ここで、LTV70％までの部分を切り出すとします。この部分が損失を被るのは10社中4社以上がデフォルトを起こしたときです。しかし、その確率は0.003％しかありません。しかも、そのわずかな確率において、LTV70％部分の大半が毀損するケースはさらに確率が小さくなります。つまり、LTV70％ならば、デフォルトに陥る可能性も低く、仮にデフォルトした場合でもそのときの損失率が低くなります。

したがって、LTV70％部分はきわめて安全性が高いと考えることができます。このリスク量の水準が格付会社による格付のAAAクラスに相当するとしましょう。ここで、この部分を切り出してシニア・トランシェとすれば、AAAの格付が付くことになるでしょう。

次に、LTV70〜90％までの部分を切り出してみましょう。この部分が損失を被るのは10社中2社以上がデフォルトするケースで、その確率は1.618％になります。

この部分は、半額が毀損するケースや全額が毀損するケースなど、大きな損失を被る可能性が、わずかですが存在します。

このリスク量が格付会社の格付のBBBに相当するとしましょう。ここで、LTV70％からLTV90％までの部分をメザニン・トランシェとして切り出すとBBBの格付が付与されることになります。

実際には格付の付与は他にもさまざまな要素を考慮して決められるのですが、トランチングと格付の対応関係は基本的に以上のような考え方から決まっていきます。

6-3
ローン・ポートフォリオの
リスクの見積もり方（2）

　ここで、前項の議論を踏まえ、あらためて集中リスクや相関リスクについて考えてみましょう。

大口債務者への集中リスク

　まず、大口融資先の存在を考えてみましょう。やはり、前項と同じように、すべての債務者の格付が同じで、ポートフォリオ全体の期待デフォルト損失率が2.0％、ただし、全体の与信額の40％を占める大口貸出先があるものとします。

　この債務者がデフォルトに陥る可能性は2.0％ありますから、この2％の確率でポートフォリオの40％の損失が発生することになります。ここで、LTV70％までの部分を切り出したとしても、この部分は少なくとも2％の確率で損失を受けることになります。
　大口融資先のいない前項のケースでは、LTV70％でデフォルトによる損失を受ける確率が0.003％でした。しかし、今度は2％（以上）と、はるかに大きくなっていますので、これでは、AAAの格付は取得できません。
　ポートフォリオの平均損失率が同じで、LTVも同じなのに、小口債

権だけであればAAAが取れるところを、大口債権があるためにAAAが取れなくなるのです。

このような大口債権があるポートフォリオだと、AAAの格付を持つトランシェを切り出すためには、もっとLTVを低くしなければならないということになります。

また、小口債権ばかりのときは、個々の債務者をあまり詳しく見る必要はなく、あくまでもポートフォリオ全体で見た評価（平均値）が重要になりますが、大口融資先については全体への影響が大きいため、平均値ではなく、個別債務者の詳しい分析に基づいた評価が必要になります。

債務者間の相関リスク

次に、債務者間の相関関係を考えてみましょう。債務者間の相関とは、ある債務者がデフォルトを起こしたときに、別の債務者がデフォルトを起こす確率が変化することを意味します。

ある債務者がデフォルトを起こすと別の債務者のデフォルト確率が上昇するとき、これを「正の相関」といいます。逆に、ある債務者がデフォルトを起こしたときに別の債務者のデフォルト確率が下がる場合は、「負の相関」といいます。

また、ある債務者がデフォルトを起こしても別の債務者のデフォルト確率には影響を与えない場合もあります。この場合には、これらの債務者間には相関がない、あるいは独立しているといいます。こうした意味合いから、債務者間の相関のことを「デフォルト相関」と呼ぶこともあります。

これまでの例と同様に、すべての債務者が同じ格付で、ポートフォリオ全体の期待デフォルト損失率が2.0%とします。大口融資先もなく、

すべての融資先への貸出額は同じだとしましょう。しかしここで、債務者のほとんどが同じ業種に属していたり、同じ地域に所在していたり、あるいは、特定の会社の関係会社や取引会社ばかりだったとしたらどうでしょうか。

その特定の業種が不況に陥れば、その業種に属する複数の債務者がいっせいにデフォルトを起こす可能性が高まります。地域が特定の地域に偏っている場合なら、その地域がとくに深刻な不況に陥ることもあるでしょう。特定の会社との関係が深い債務者が多い場合には、その特定の会社が経営不振に陥れば、やはり複数の債務者が同時にデフォルトする可能性が高まります。

極端な例として、貸出ポートフォリオの債務者（10社とする）の相関が1、つまり、ある債務者がデフォルトしたときは他の債務者も同時にデフォルトしてしまうケースを考えてみましょう。

この場合、すべての債務者がデフォルトするか、あるいはすべての債務者がデフォルトしないかの二者択一なので、ただ一人の債務者に貸し出しているのとリスク量は変わらなくなります。先ほど見たような、債務者数が増えるにしたがってポートフォリオの大きな割合が毀損する確率が減少していくという効果が見られなくなるのです。

つまり、相関の高い債務者が増えると、大口債務者がいるのと同じような状態になって、ポートフォリオの分散効果が弱くなってしまいます。

したがって、同じLTV70％の部分を切り出しても、相関が高い場合はやはりこの部分のリスク量が高くなり、AAAの格付は取得できないということになります（次ページ図表6－2）。

図表6-2　大口集中リスクと相関リスク

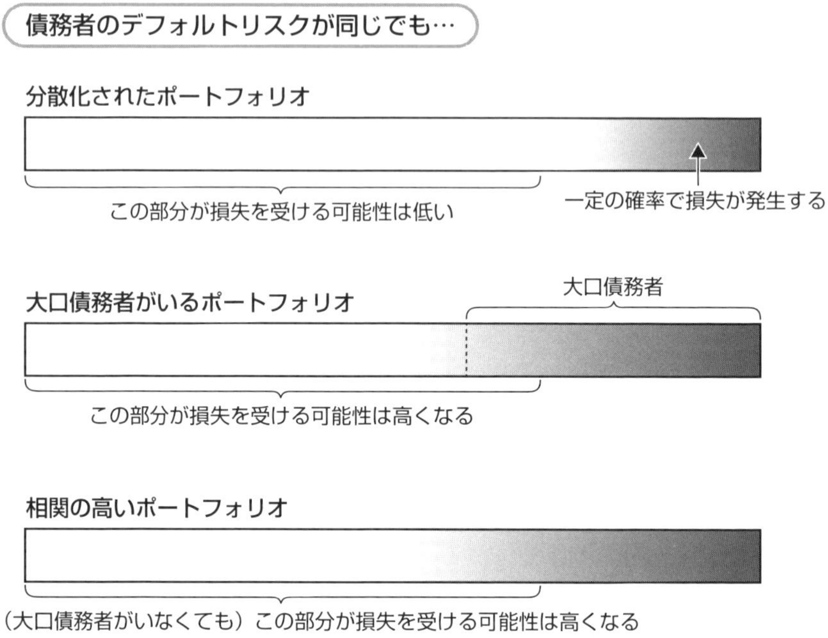

債務者のデフォルトリスクが同じでも…

分散化されたポートフォリオ

この部分が損失を受ける可能性は低い　　　一定の確率で損失が発生する

大口債務者がいるポートフォリオ　　　　　　　　　　　　大口債務者

この部分が損失を受ける可能性は高くなる

相関の高いポートフォリオ

（大口債務者がいなくても）この部分が損失を受ける可能性は高くなる

相関に関する厄介な問題

　以上のように、相関の高さは大口債務者への集中度の高さと同じような効果を持っているのですが、実は相関に関してはより厄介な問題があります。

　その問題は、大口債務者への集中度はあらかじめわかっていて、基本的にはその後も大きく変化しないのに対して、債務者間の相関は確定した値が得られるわけではなく、また妥当と思われる相関の値は状況によって大きく変化してしまうということに起因しています。

通常、債務者間の相関は、上場企業の場合だと一定期間の株価の変動率の相関を取って、それをもとに推定するのが一般的です。ただし、これは過去のデータに基づく推定値であって、ただ一つの正解というわけではありません。

　また、株価の変動率の相関を見てもわかるのですが、債務者間の相関は状況によって大きく変化すると考えられるのです。一般に、経済状況が安定している場合には債務者間の相関は低くなりがちです。逆に、不況時など経済状況が不安定な時期には債務者間の相関は高くなりがちとなります。とくにリーマン・ショックのように世界同時に深刻な不況に陥ると、債務者間の相関は大きく上昇すると考えられます。

　期待損失率が同じポートフォリオから同じLTVのトランシェを切り出しても、債務者間の相関の水準によってリスクの大きさが異なってくるわけですから、一定の相関を見込んで組成された証券化商品が、その後、相関が変化することによってリスク量が変わってしまうということも起こることになります。

　通常、証券化においては、こうしたことも見込んで、景気後退期における相関を考慮しながら、保守的に値を求めます。ただし、相関というやや、とらえどころのないものに証券化商品の価値が依存しているという点には、十分注意が必要です。

6-4
CBOにおける裏付資産の入れ替え

　社債を裏付資産とするCBOの場合、そもそも社債は一般的に市場で取引されているものなので、投資家ニーズによって市場で社債を買い集めて証券化するアービトラージ型の証券化がよく見られます。

　アービトラージ型は裏付資産を買い集めて、それを証券化するために、バランスシート型におけるオリジネーターのような存在がいません。その分、投資家のニーズありきの商品になっています。

　また、裏付資産が市場でいつでも売買できるものなので、途中で裏付資産を入れ替えるというしくみにすることもよく行なわれます。

　裏付資産の入れ替えには、①格付が一定水準よりも下がった場合などに売却して、その代わりに一定の格付以上の社債を購入するなどのルールを決めて行なうものと、②運用マネージャー（投資顧問会社など）の判断で適宜社債の銘柄を入れ替えるものがあります。

　前者の①では、基本的に機械的なルールによって裏付資産の質が一定以上に保たれるようになっています。しかし、ある企業の信用力が悪化した場合、まず社債の価格が下落するのが先で、格付会社の分析と判断による格付の引き下げは、それよりも遅れてしまうことがよくあります。このようなケースでは、格付が下がってから銘柄を入れ替えてもポートフォリオの損失はなかなか防ぐことができません。

そこで、専門のマネージャー(実質的にファンド・マネージャーだが、証券化の担保資産をマネージしているという意味で「コラテラル・マネージャー」と呼ばれる)の判断にゆだねて、大きく価格が下落しないうちに銘柄を入れ替えることができるようにしようというのが後者の②です。

　もちろん、マネージャーがいつも的確な判断ができると限りませんし、運用成績がマネージャーの力量に依存するため、マネージャーの運用力の評価や選定が重要なポイントとなっていきます。

6-5

シンセティックCDOとは？

クレジット・デリバティブを裏付資産とするシンセティック・CDOとは

　シンセティックCDOは、「クレジット・デリバティブ」を裏付資産とする証券化商品です。まず、クレジット・デリバティブとは何かから見ていくことにしましょう。

　クレジット・デリバティブの代表的な商品が「**クレジット・デフォルト・スワップ（CDS）**」です。相対で取引されるデリバティブ取引です（図表６－３）。

　この取引では、参照企業というものを選んで、その信用リスクを取引します。参照企業は当事者間で自由に選定することができますが、一般的には格付が付いているような大企業が対象になることがほとんどです。

　買い手の当事者（「プロテクション・バイヤー」と呼ばれる）は、契約期間中にその参照企業が倒産した場合、一種の補償金を受け取ることができます。

　この補償金の受取方法にはいくつかのやり方があります。

　「フィジカル・セトル」という方法では、参照企業が破綻した場合、買い手は参照企業の社債を額面で売り手に売ることができます。破綻した企業の社債ですから価格は大幅に下落しているはずです。それを額面

図表6-3 CDSのしくみ

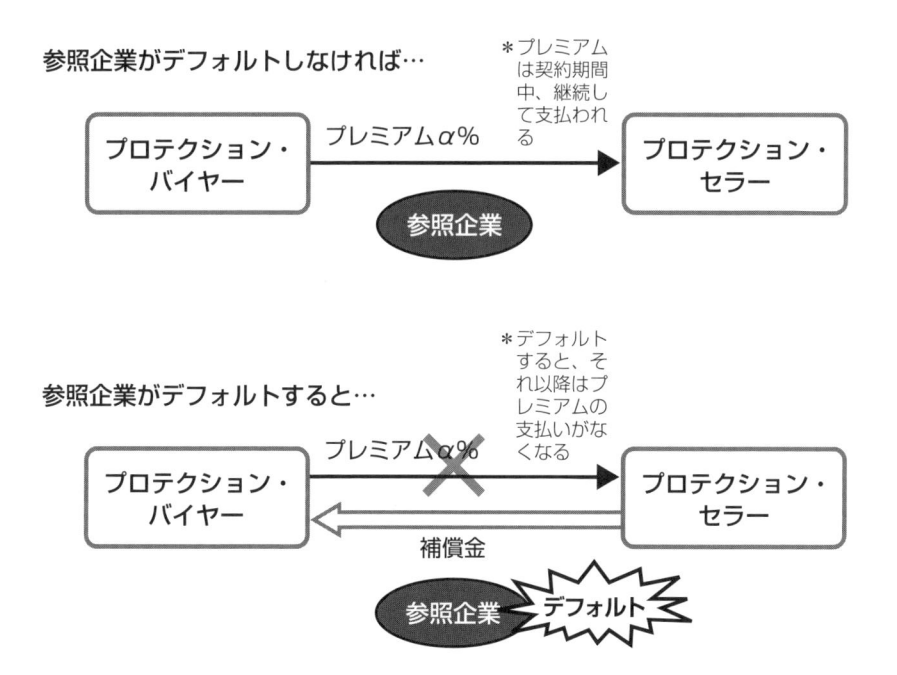

参照企業がデフォルトしなければ…

プロテクション・バイヤー → プレミアムα% → プロテクション・セラー
参照企業

＊プレミアムは契約期間中、継続して支払われる

参照企業がデフォルトすると…

プロテクション・バイヤー ×プレミアムα% プロテクション・セラー
← 補償金
参照企業 デフォルト

＊デフォルトすると、それ以降はプレミアムの支払いがなくなる

で売ることができるわけですから、(額面価格—実勢価格)の差額分の補償を受けているのと同じことになります。これが、「プロテクションを買っている」という意味です。

「キャッシュ・セトル」という方法では、社債の受け渡しをせずに、補償金をそのまま受け取ることができます。その補償金額は、社債の実勢価格に基づいて計算される場合もありますし、取引を行なうときにあらかじめ額を決めておく場合もあります。

いずれにしても、買い手にとってみると、参照企業の信用リスクを取

引の相手側から保証してもらっているような効果があります。もちろん、その対価は支払わなければなりません。それが「**CDSプレミアム**」です。

　売り手の当事者（プロテクション・セラー）からすると、参照企業が破綻してしまうと補償金を支払わねばなりませんが、そのリスクを引き受ける代わりにプレミアムを受け取ることができる取引ということになります。

　このCDS取引におけるプロテクションの売りは、社債に投資するのと経済的には非常に似ています。社債投資では、発行体企業が倒産すると社債価格が大幅に下落して損失を被ります。社債投資家はそのリスクを引き受ける代わりに、国債などに比べてやや高めの金利を受け取ることができます。

　つまり、プロテクション・セラーとしてCDS取引を行なうことによって、社債に投資しているのと同様の効果を得ることができます。したがって、社債を集めて証券化するのと同様に、CDS取引によって同じような効果を持つ商品を作ることができるのです。これがシンセティックCDOです。

　社債に投資するのとは違って、CDS取引では、取引締結時に代金を払う必要がありません。しかし、取引の主体となるSPCは基本的には実体のないペーパーカンパニーなので、CDS取引を行なうためには相手側に担保を提供する必要があります。

　そこで、シンセティックCDOを発行して得た資金で国債など信用力の高い資産を購入し、これを担保に供してCDS取引を行ないます。そして、国債などの担保資産とCDS取引を裏付けとする証券を発行します（図表6−4）。

第6章　債務担保証券の特徴としくみ

図6-4　シンセティックCDOのしくみ

発行時

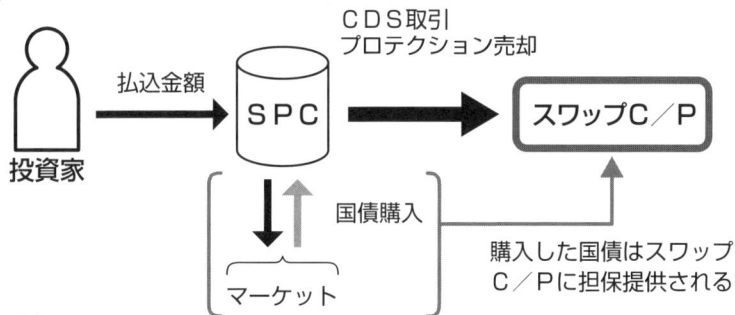

投資家 →（払込金額）→ SPC →（CDS取引 プロテクション売却）→ スワップC／P

SPC ⇄ マーケット（国債購入）

購入した国債はスワップC／Pに担保提供される

取引期間中

投資家 ←（利払*）← SPC ←（CDSプレミアム）← スワップC／P

SPC ← 国債利払（マーケット）

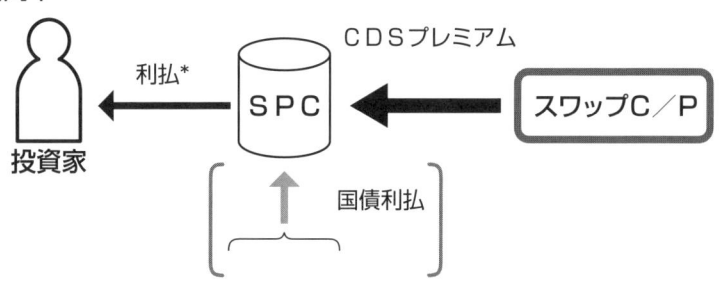

＊国債の利息とCDSプレミアムを原資に、投資家に利息を支払う

満期時

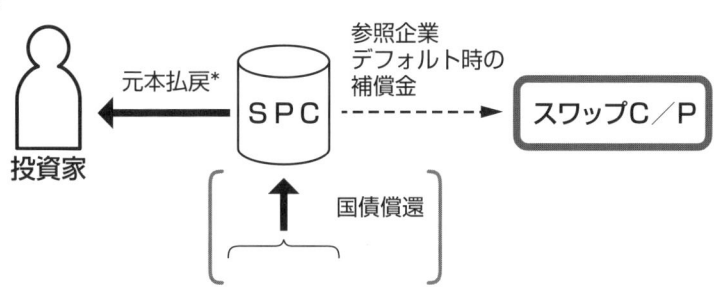

投資家 ←（元本払戻*）← SPC - - →（参照企業デフォルト時の補償金）- - → スワップC／P

SPC ← 国債償還（マーケット）

＊参照企業がデフォルトすると、スワップC／Pに補償金を支払わなければならないので、投資家への支払はそれを差し引いたものとなる
　　償還金額 ＝ 国債償還額 － CDS補償金額

CDSを裏付資産とするメリット

　社債ではなく、CDSを裏付資産とするメリットはいくつかあります。
　まず、株とは違って社債は、発行金額が特定の業種、あるいは特定の企業に偏る傾向があります。日本でいえば、電力会社、銀行、その他金融などの発行額が大きく、医薬や精密など財務が健全な業種や、IT産業、ネット産業など新興企業の多い業種ではあまり見られません。
　また、たとえば同じ自動車産業でも、トヨタやホンダはほとんど社債を発行しないので、社債が取引されるのは日産など特定の企業に偏ります。
　また、社債の取引市場は、発行時に取引される「プライマリー取引」とそれ以降に取引される「セカンダリー取引」に分かれますが、セカンダリー取引では、必ずしも投資したい社債が投資したい金額だけ取引できるとは限りません。とくに日本の場合には、セカンダリー市場は十分な取引量と厚みを持っていないのです。

　以上のことから、業種や企業がきれいに分散し、満期までの残存期間もそろっているようなバランスのとれた社債ポートフォリオを短期間で作ることは至難の業です。
　これに対して、CDSは社債を発行していない企業でも参照企業とすることができますので、幅広い企業のリスクを集めることができます。また、CDSは相対契約ですから、一企業への投資額を一定金額にそろえたり、満期までの残存期間をそろえることも簡単にできます。このような性質を持つCDSであれば、業種や企業が分散され、満期もそろったバランスのいいポートフォリオを、短期間で容易に作ることが可能となります。

次に、CDSのスプレッド（プレミアムの料率）は、社債のスプレッド（社債の利回りと国債利回りまたはスワップ金利の差）に比べて、一般に水準が大きめです。したがって、CDSを使って構築したポートフォリオは、同じ企業の社債によるポートフォリオよりも利回りがよくなる傾向があります。また、CDSのスプレッドのほうが、様々なニュースにより、敏感に反応するため、タイミングをうまく捉えれば、さらに利回りを上乗せすることもできます。

6-6
シングル・トランシェCDOとは？

シングル・トランシェとはどんな取引?

　シンセティックCDOには、「シングル・トランシェ」と呼ばれる取引があります。

　たとえば、参照企業を50社選定します。それぞれの割合は均等に全体の2％ずつとします。単純化のためにすべての債務者でLGD＝100％、つまり一つの参照企業がデフォルトした場合に全体の2％部分が損失になるとします。

　ここで、LTVが92～96％の部分を切り出します。エクイティでもシニアでもないので、メザニン・トランシェを作り出しているのと同じです。このトランシェは、参照企業50社のうち2社がデフォルトしても、48社÷50社＝96％は保全されているので損失が発生しません。

　しかし、3社目がデフォルトすると、47社÷50社＝94％しか保全されていないので半額が毀損します。そして、4社目のデフォルトで全額が毀損します（図表6－5）。

　このような特定のトランシェだけを切り出して作るのがシングル・トランシェのCDOです。概念的には、1社目と2社目のデフォルトによる損失はエクイティに吸収されます。そして5社目以降のデフォルトはシニア・トランシェの損失となります。しかし、シングル・トランシェ

図表6-5　シングルトランシェCDOのしくみ

シンセティックCDOの裏付ポートフォリオ

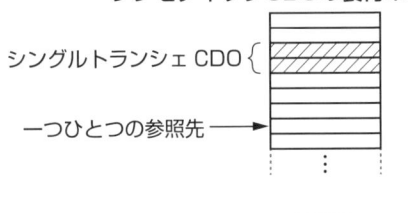

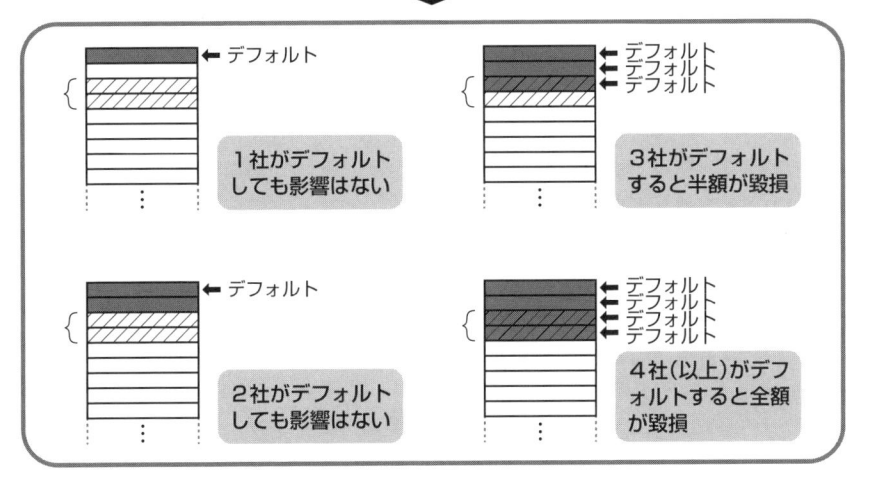

シングルトランシェCDO

一つひとつの参照先

- 1社がデフォルトしても影響はない
- 3社がデフォルトすると半額が毀損
- 2社がデフォルトしても影響はない
- 4社(以上)がデフォルトすると全額が毀損

取引では、実際には他のトランシェは物理的に存在しておらず、あくまでも概念的な存在でしかありません。

シングル・トランシェ取引が可能な理由

それではなぜ、このようなシングル・トランシェ取引が可能かという

と、これは特殊なオプション取引なのです。原資産が複数あって、そのうち最もパフォーマンスが悪いもの（良いもの）に連動するとか、あるいは何番目に悪いもの（良いもの）に連動するというような特性を持つオプションを「**バスケット・オプション**」といいます。シングル・トランシェ取引は、このバスケット・オプションの一種です。

　バスケット・オプションの価格がどのように決められるかの詳しい説明は省きますが、基本的には、第6章－2、3「ローン・ポートフォリオのリスク」で説明したように、ポートフォリオ全体の期待損失率と債務者間の相関関係によって価格が決まっていきます。
　バスケット・オプションは非常に複雑なデリバティブ取引なので、自前で価格を計算し、ポジションとしてリスクを管理できる金融機関は限られていますが、こうした取引を使えばシングル・トランシェのCDOは簡単に作り出すことができるようになります。
　こうしたバスケット・オプションのリスクがどのようにヘッジされるかは、デリバティブの領域になるので本書では立ち入りませんが、こうなると証券化というよりは、高度なデリバティブ業務の一形態といったほうが実態に即しています。
　もともとシンセティックCDOは、デリバティブ取引（および国債などの担保資産）を裏付けとするものですから、仕組債としての性格を持っています。実際に複数のトランシェに分けて証券を発行するシンセティック取引は、証券化商品と仕組債の中間的商品といえますが、シングル・トランシェCDOはまさに仕組債そのものといえます。

6-7
ABS CDOとCDO²の特徴と再証券化によるリスク

ABS CDO、CDO²とはどんな証券化商品？

「ABS CDO」とか「CDO² (シーディーオー・スクエアード)」と呼ばれる商品があります。「ABS CDO」（もしくはCDO of ABS s）は、ABSを裏付けにした証券化商品です。

ABSはSPCが発行する債券なので、企業向け債権にあたり、それを証券化したものはCDOに分類されます。すでにABSで一回証券化されたものをさらに証券化するということで、再証券化商品に位置付けられます。

「CDO²」はCDOを裏付資産とした証券化商品です。こちらも再証券化商品の代表的なものです。さらにCDO²を再証券化することも可能で、それは「CDO³ (シーディーオー・キューブド)」と呼ばれます。

少し複雑な事例ですが、たとえば普通のABS（一次証券化商品）を買い集めて、それを裏付資産としてABS CDO（二次証券化商品）を発行したとしましょう。このABS CDOをさらに再証券化することも可能で、これは三次証券化にあたりますが、CDOを再証券化したものとしてこの部分がCDO²となります。さらにこれを証券化するとCDO³となりますが、一次のABSから数えるとこれは四次証券化ということになります。

何やら込みいった話になってしまいましたが、2007年のサブプライム・ショックの直前期には、実際にこのような再証券化、再々証券化商品が大量に発行され、その後の市場の混乱を招くもととなったのです。
　ここでは、このような再証券化商品のうち、典型的なメザニン証券の再証券化を例に取り、その特殊なリスク特性について見てみることにしましょう。

　まず、証券化商品の組成では、裏付資産の利回りが高ければ高いほど、でき上がってくる証券化商品の利回りも高くなります。もちろん利回りが高いということは、それだけリスクが高いということを意味しますが、

図表6－6　メザニンのリスク特性とは？

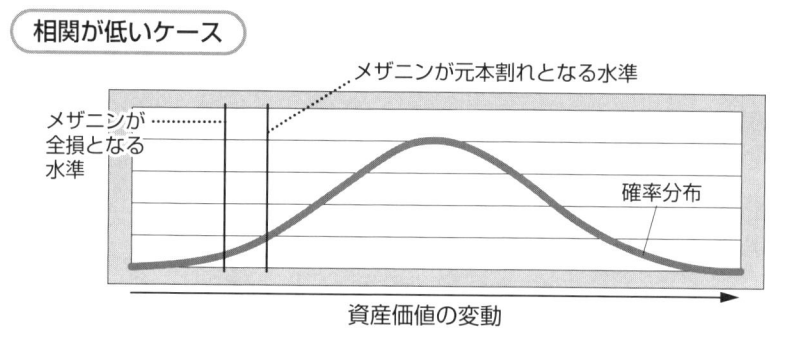

相関が低いケース

- メザニンが元本割れとなる水準
- メザニンが全損となる水準
- 確率分布
- 資産価値の変動

相関が高いケース

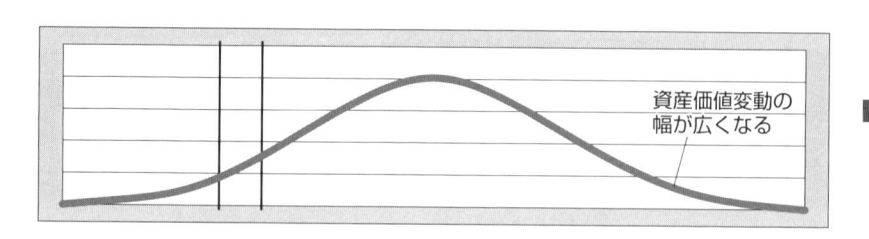

- 資産価値変動の幅が広くなる

リスクがある程度高くても分散が効いたポートフォリオにすれば優先劣後構造で安全な部分を切り出すこともできますし、多種多様な魅力的な証券化商品を作ることができます。

そうしたことから、典型的な再証券化商品では、様々な証券化のメザニン部分を集めて、それを再証券化します。そこで、まずはメザニン部分のリスク特性を少し詳しく見てみましょう。

メザニンの価格特性

図表6-6の釣鐘型の図は、証券化の裏付資産の価値変動を確率分布

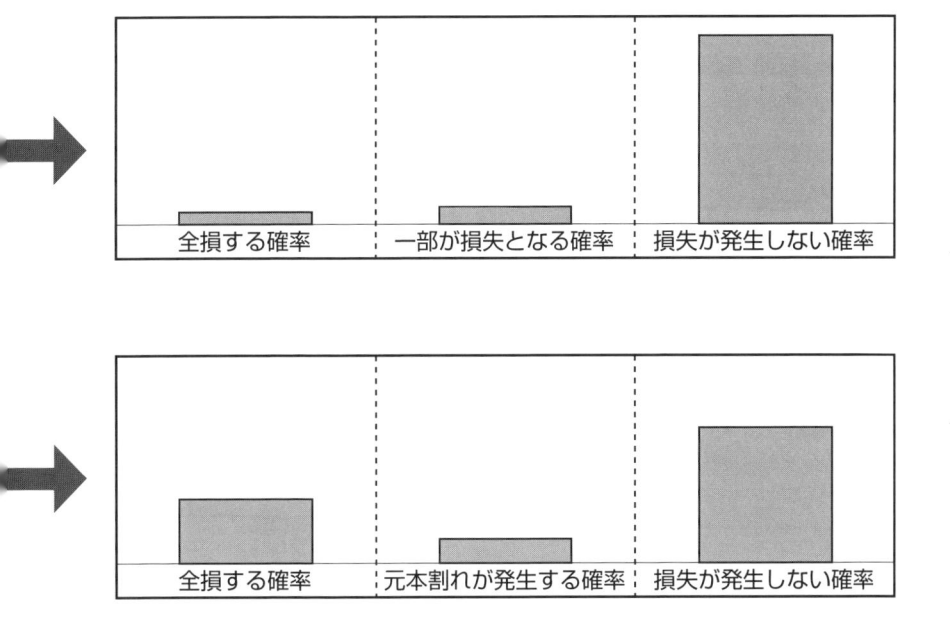

| 全損する確率 | 一部が損失となる確率 | 損失が発生しない確率 |

| 全損する確率 | 元本割れが発生する確率 | 損失が発生しない確率 |

として表わしたものです。この確率分布の変動幅が広がると（**図表6－6下側の釣鐘**）、メザニン債に損失が生じる確率が高まります。ただ単に損失の発生確率が上がるだけでなく、損失が発生したときに全額が毀損するリスクが高まるのです。

　証券化商品のシニア部分の場合でも、確率分布の変動幅が大きくなると、やはり損失が生じる可能性が高くなり、そのときの損失率も少し大きくなりますが、そうした変動はなめらかで、少なくともシニア部分が全額毀損してしまうリスクは通常の裏付資産の場合はほとんど生じません。しかし、メザニン債の場合は損失発生確率が上昇するとともに、全額毀損のリスクが急激に増加します。

　こうしたリスクに対するメザニンの過敏な性質は、メザニンがエクイティとシニアにはさまれた部分であり、コール・オプションの買いと売りを組み合わせた特殊な価格特性を持つことに由来しています。

　裏付資産の価値の変動に対して、エクイティは図表6－7の（a）のような価格特性を持ちます。これは、デリバティブでいうところのコール・オプションの買いに相当します。シニアの価格特性は（c）です。これはプット・オプションの売りに相当します。これに対して、メザニンの価格特性は（b）のようになり、コール・オプションの買いと売りを組み合わせた形になっています。

　この場合、メザニンの〝厚み〟にもよりますが、〝厚み〟がない場合にはとくに、一定以上の裏付資産の価値変動に対して急激に価格が変動するという性質が生まれます。

　裏付資産の価値変動は、裏付資産の質が悪化するときはもちろん、個々の資産の間の相関が高まる場合にも大きくなりますから、メザニンは裏付資産の劣化と相関の高まりに、とくに弱い特性を持つといってもよいでしょう。

図表6−7　各トランシェをオプションになぞらえると…

裏付資産ポートフォリオの資産価値が変動すると…

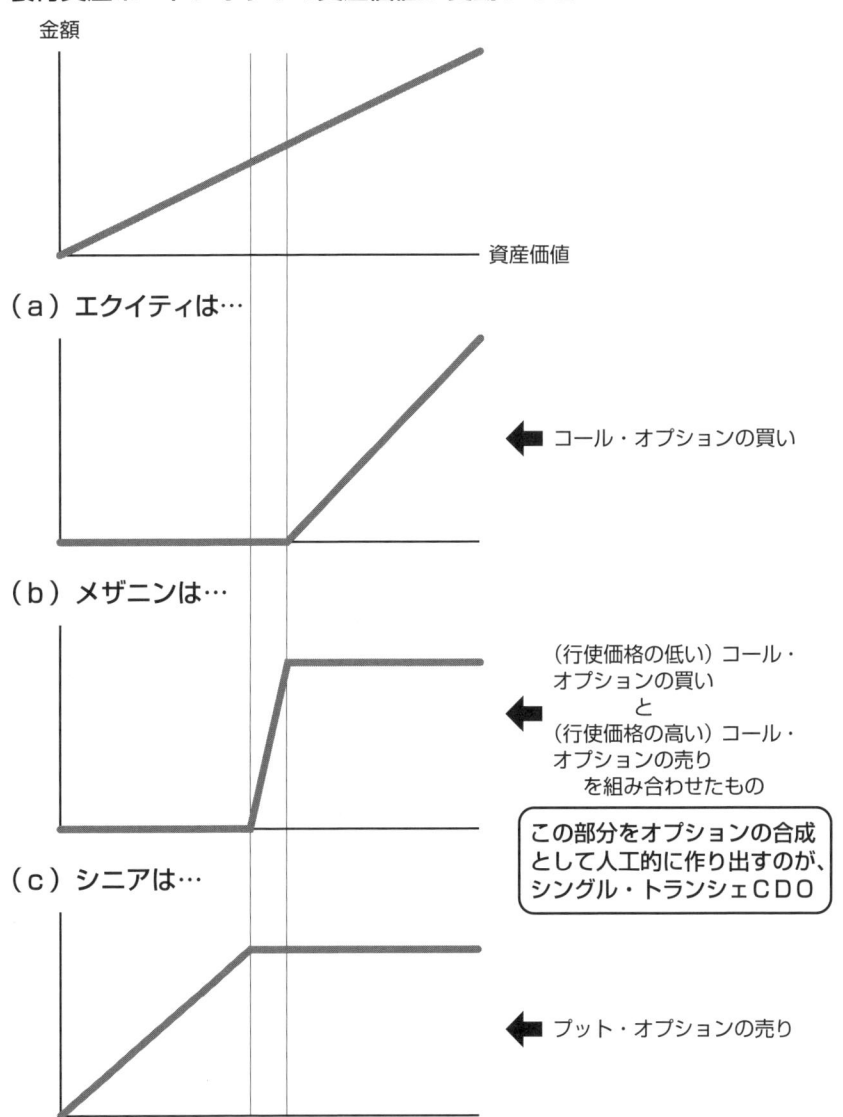

金額／資産価値

（a）エクイティは…

← コール・オプションの買い

（b）メザニンは…

← （行使価格の低い）コール・オプションの買い
と
（行使価格の高い）コール・オプションの売り
を組み合わせたもの

この部分をオプションの合成として人工的に作り出すのが、シングル・トランシェCDO

（c）シニアは…

← プット・オプションの売り

再証券化によるリスクの増幅

　それでは、メザニン債を再証券化した商品のリスクはどうなるのでしょうか。

　再証券化の裏付資産となっている個々のメザニン債の間に高い相関関係がなければ、こうしたメザニン固有の特性は薄まるように思えます。しかし、相関の高いメザニン債を再証券化した場合はどうでしょうか。

　その場合、元々の裏付資産の劣化にともなって、メザニン債の多くが同時に全額毀損してしまうという可能性が高まっていきます。つまり、メザニンのリスク特性が急激に増幅されることになるのです。

　通常の証券化では、裏付資産がたとえば半額以下にまで毀損してしまうというようなリスクは、ほとんどありません。その場合、LTV50％のシニア債を切り出せば、このシニア債に損失が生じる確率は非常に低く、仮に損失が生じた時でも損失率は低めに抑えられます。つまり、安全性の高いシニア債を切り出すことができるわけです。

　しかし、裏付資産がメザニンCDOで構成されていると、元々の裏付資産が劣化し、さらに重要なことに元々の裏付資産間、あるいはメザニンCDO間の相関が高まることによって、裏付資産の総額が急激に減少するリスクが高くなっていくのです（図表6-8）。

　元々の裏付資産の価値が半減することがなくても、メザニンCDOを集めた再証券化の裏付資産は簡単に半分以下にまで下がってしまいます。相関がさらに高まれば、裏付資産が全額毀損してしまう可能性すらあり得ます。証券化を二次、三次と繰り返していくことで、こうした傾向はさらに強まっていきます。

　実際に多くが発行されたサブプライム・ローンの再証券化商品では、

第6章 債務担保証券の特徴としくみ

図表6−8 メザニン再証券化によるリスクの増幅機能

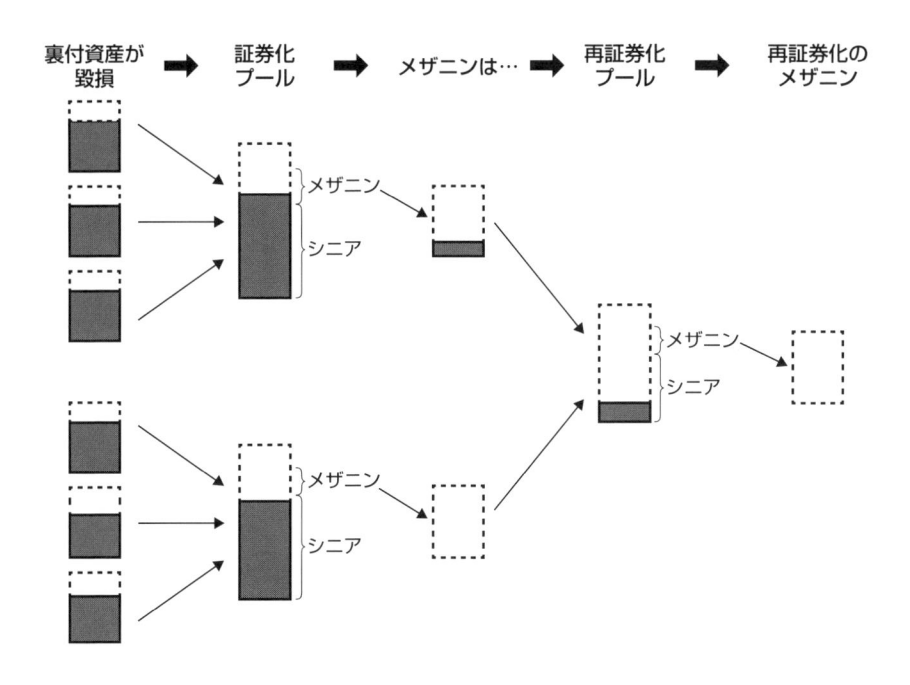

まさにこのような事態が頻発しました。サブプライム・ローンは、景気後退期にそろって返済率が悪化する傾向があり、とても相関の高い資産だったのです。

様々なサブプライム・ローン証券化のメザニンを集めても、結局、相関は高いままで、それらの様々なメザニンが大幅に毀損するということが起きました。

そして、高い格付が付与され、安全性が高いと考えられていた再証券化のシニア債の価格までもが、いっせいに急落し、市場がマヒする事態に至ったのです。

6-8
相関係数の推定の難しさが リスクコントロールの難しさにつながる

そもそも、リスクはどうして生まれるのか?

　前項では、メザニン債を再証券化した商品が特殊なリスク特性を持つことを示しました。しかし本来、たとえリスクが高い商品でも、そのリスクがきちんと評価され、そのリスクに見合った価格が付けられているのであれば、そもそも問題は発生しないのではないでしょうか。

　たしかに、ハイリスク・ハイリターンの投資ニーズを持つ投資家もいれば、通常の資産とは異なるリスク特性を好む投資家もいます。価格付けが適正に行なわれてさえいれば、それは通常の金融取引の範疇と見ることもできます。

　問題は、再証券化のリスク特性を正しく理解していない投資家や、そのリスクに耐えられない投資家がメザニン再証券化商品に投資をしたり、あるいはそうした潜在的にリスクの高い商品に高い格付が付いていて、安全性の高い商品として取引されていたり、あるいはまた、そうした潜在的なリスクが価格に適正に織り込まれていないといったケースです。

　実際に起きたことはまさにその通りでした。結果から見ると、組成業者も、格付会社も、投資家も、そうしたリスクを適切に評価できていなかったと見られます。

リスクが適切に評価できない理由

　それでは、なぜこのような事態が起きるのでしょうか。

　キーワードは「相関係数」です。再証券化商品（とくにメザニン再証券化）は裏付資産の間の相関関係によって大きく価値が変動します。相関係数にきわめて敏感な商品といってよいでしょう。ですから、再証券化商品のリスク評価や価格付けにはこの相関係数が大きなインパクトを持ちます。

　しかし、この相関係数は、金融商品の価格計算に使うパラメーターの中で最も推定することが難しいものなのです。

　市場で活発に取引されていない金融商品は、基本的には市場で取引される金利や為替レート、社債価格、ボラティリティー（オプション市場で取引される）などの市場パラメーターを使って適正価格を計算します。

　市場で取引されるこれらの市場パラメーターが正しいという前提に立っているわけですが、それだけではなく、市場で取引される価格でそのリスクをヘッジできるという実際的な意味合いも含まれています。

　もちろん複雑な金融商品では、市場で取引されている価格だけでは計算ができないようなものも存在します。しかし、市場で直接に観測できないパラメーターも、多くの場合は直接観測できるパラメーターからある程度は推定できますし、完全にリスクをヘッジすることが難しくてもリスクの大部分を消すことは可能というものがほとんどです。

　ところが、相関係数は市場ではほとんど取引できません。バスケット・オプションやコリレーション・スワップなど、実質的に相関係数を取引するものもあるにはあるのですが、あくまでも特殊な取引にとどまっていて、様々な資産間の相関関係を推定したり、ヘッジ取引をしたりするという意味ではまったく機能していないのです。

そこで、過去のヒストリカル・データから資産間の相関係数を推定することになりますが、相関係数は局面によって大きく変動する性質があって、なかなか正確に推定することが困難です。

　結局のところ、組成業者も、格付会社も、投資家も、この相関リスクを見誤ったことが、再証券化商品にまつわる市場の混乱を生むという結果につながったのです。

　私は長年金融実務に携わっていた身として、デリバティブや証券化など、高度な金融取引をいたずらに危険視する風潮には賛同することができませんが、相関リスクについてはコントロールすることがとても難しく、したがって相関リスクを内包した商品については十分すぎるほど慎重に取り組む必要があると考えています。

第7章

サブプライム・ショックと証券化の今後

7-1
証券化市場の急拡大と
サブプライム・ローンの誕生

2000年代における一大金融イノベーション

　1990年代以降、米国型の証券化は世界中に広がっていきました。日本でも、この時期に不良債権の証券化などの大型案件が組成されていきます。そして、2000年代にかけて、証券化の拡大はさらにスピードアップしていきます。けん引役となったのは不動産がらみの証券化（MBSまたは不動産ファンド）で、その中にサブプライム・ローンの証券化があります。

　サブプライム問題は、世界経済や金融規制の議論に計り知れないほどの影響をもたらしました。これからの証券化を考えるうえでも、決して避けて通ることができないものだといえます。

　もともと、この2000年代の証券化市場の急拡大は、証券化という一大金融イノベーションが新たな市場を創出し、様々なメリットを生み、多くの参加者を惹きつけたところから始まっています。バブルとは〝根拠なき熱狂〟ですが、歴史上のバブルの多くは、最初は〝根拠のある熱狂〟だったのです。それが、あるとき一線を越えて理屈では測れない異常な世界へと変貌していきます。

サブプライム・ローンとは？

　ここで、サブプライム・ローンの概要についてまとめておきます。

　米国の住宅金融市場では、借り手の信用力に応じて、次のような分類が行なわれています。

　まず、安定した所得があり、支払い能力を証明する各種の書類を提出することができる信用力の高い層への貸出が「**プライム・ローン**」です。つづいて、「オルトA（Alternative-A）ローン」があります。これは、所得は十分あるものの借入比率が高いとか、支払い能力を証明する書類の一部が提出されないなど、プライム・ローンよりも信用力が低いローンです。

　サブプライム・ローンは、さらにその下で、以下のような条件にあてはまるものです。

サブプライム・ローンの定義
・過去1年以内に30日の延滞が二回以上、または過去2年以内に60日の延滞が一回以上あったもの
・過去2年以内に、強制執行、抵当物件の差し押さえ、担保権の行使、債権の償却を受けたもの
・過去5年以内に破産をしているもの
・クレジット・スコア（信用力を評価して点数化する手法）として代表的なFICOスコアで660点以下（デフォルト確率が相対的に高いと見なされる）のもの
・所得に占める借入関連支出の比率が50％以上、または借入関連支出を差し引くと生計費を十分に賄えないもの

　要するに、「低所得層」「収入履歴のない移民」、あるいは、「安定した

所得を持ちながら過大な借入をしているなどの層」が対象のローンです。信用リスクは他の住宅ローンよりも高いので、金利もその分、高く設定されます。

政府の「住宅取得促進」という後押し

　米国で住宅ローンの証券化が長い歴史を持ち、巨大な市場を形成してきた背景には、国民の住宅取得を促進するという政策目的がありました。
　実際に、モーゲージ（不動産を担保にした貸付）市場の拡大が米国の住宅金融市場を大きく発展させ、国民の住宅取得を促進するうえで大きな役割を果たしたことは間違いありません。
　サブプライム・ローンもまた、元々はそのような政策目的に沿う金融サービスとして登場してきました。
　サブプライム・ローンは、とくに低所得者や移民などが自宅を取得するために必要な制度として、政策面でも大きく後押しを受けました。そして、サブプライム・ローンの証券化は、サブプライム・ローン市場への資金流入を促進し、ひいては低所得者や移民の住宅取得を促進する切り札とされたのです。

　市場の力を借りて政策的な目的を効率よく達成するというのが米国の得意とするところであり、米国経済の強さを支える一因でもあります。サブプライム・ローン証券化も元々はその代表例であり、登場した当初は悪玉などではなく、むしろ〝打ち出の小槌〟のような強力なツールと見なされていました。
　マエストロと呼ばれた当時のグリーンスパンFRB（連邦準備制度）議長も、たびたびサブプライム・ローンを肯定する発言を繰り返しています。これが結果として、歴史的な名議長といわれてきたグリーンスパ

ンの評価を傷付けることになってしまうのですが、サブプライム・ローンは、問題よりもメリットが大きいというのが、政策当局者の当初の共通認識だったのではないでしょうか。

　しかし、こうした政策面でのバック・アップとFRBによる金融緩和が、サブプライム・ローンを化け物のような存在にしていくことになるのです。

7-2
シャドー・バンキング・システムの拡大がバブル化を生んだ

証券化が持つ危ない金融機能

　証券化は、「シャドー・バンキング・システム」といわれます。
　ABSを見ればわかるとおり、これは銀行によるノンリコース・ローンと経済的にはまったく同じものです。
　証券化の多くのケースでは、債務者は無名の一般債務者です。サブプライム・ローンはその典型例といえます。このように、証券化によって、銀行ではない多くの投資家が、見ず知らずの一般債務者にお金を貸しているのと同等の効果が生まれるのです。そうした経済的メリットがあったために、サブプライム・ローンは拡大したのです。

　しかし、その裏には、デメリットもありました。
　銀行の貸出は、様々な規制を受けます。金融当局は各銀行がどのくらい融資を増やしているか詳細な情報を持っており、金融政策などの手段で融資量の過度な変動が起きないようにコントロールしようとします。
　また、銀行はBIS規制により、貸出資産を増やしすぎてしまうと、その分の自己資本を積み増さなければならなくなります。
　それに対して、ABSへの投資家は、銀行とまったく同じ行動を取っていながら、そのような規制を受けることがありません。当局も、その

ような投資行動のすべてを把握することが難しく、急激な変動が起きないようにコントロールすることも難しいのです。

このように、当局も正確に動向をつかめず、また規制にかけることも難しいことから、証券化を通じた金融機能をシャドー・バンキングと呼んでいるのです。
　結果として、このシャドー・バンキングの急拡大がサブプライム・ローンのバブル化を招いたわけですが、これに対して当局は、有効な手段を講じることができませんでした。

不適切なインセンティブとモラル・ハザード

　バブルの中では、不適切で、不道徳な行為が蔓延します。
　これを助長したのでが、金融機関における不適切なインセンティブだったといわれています。
　証券化商品の組成には、専門的な能力と高い事務処理能力が求められるため、得られるフィーも高額です。しかも、関係者は多岐にわたります。

　住宅ローン会社では、サブプライム・ローンを貸し出し、それを証券化用に売却すれば大きな手数料が得られます。とにもかくにもローンの貸し出しを伸ばした担当者には、手厚くボーナスが支払われたことでしょう。どうせ転売するのだからという気持ちもあって、ローンの審査は徐々にずさんなものになっていきます。

　アレンジャーは組成業務の中心にあり、とくに高額のフィーを受け取ります。大型の証券化案件を組成すれば目もくらむような巨額のボーナ

スをもらえます。だれもが血眼になって証券化にまい進していきました。

　販売会社も同様です。売れば売るだけフィーが増え、ボーナスが増えます。当時、証券化は金融商品の中でも最もフィーの率が高く、高額ボーナスに結び付きやすい商品だったのです。

　そうした雰囲気の中で、リスクを慎重に見きわめたり、適切なストラクチャーを追求したり、投資家にリスクを適切に説明したうえで販売したりという、組成業者や販売会社に当然求められるはずのモラルが薄れていくのです。

7-3
大勢の人が サブプライム・ローンを組んだ理由

人々はどのようにバブルに巻き込まれていったのか

　もっとも、サブプライム・ローンを借りる人が大勢いなければ、そもそもバブルは起きません。

　日本もかつては不動産価格が右肩上がりに上がり続けるという時代がありました。その後、バブルの後遺症、人口の伸びの鈍化や経済成長率の低下によって不動産価格は大きく下落しました。

　米国でも経済成長や人口増によって不動産価格は趨勢的に上昇してきましたが、とくに1990年代に入ってから好景気が続き、また絶えざる移民の流入もあり、不動産価格はきわめて好調に推移しました。政府の住宅取得促進策も大きな下支えとなったでしょう。

　日本のバブルもそうでしたが、バブルというのは、もともとは実需に支えられた価格上昇の延長線上に発生することが多いのです。米国の住宅バブルも同様です。

　2000年代に入り、ドットコム・バブルの崩壊で景気が落ち込み、FRBが積極的な金融緩和を行なうと、あり余った資金が不動産市場に流れ込み、不動産価格はさらに上昇していくようになります。

　価格の上昇が続くと、住宅取得を考えている人は「早めに取得しない

と価格がさらに上がってしまう」という恐怖に駆られます。また、継続的な価格上昇は様々な投機行動も誘発します。

住宅取得を急ぐ人、あるいは住宅価格の上昇で儲けようと思う人たちが、審査の甘いサブプライム・ローンやオルトAローンに殺到し、住宅取得に奔走したのです。

オプションARMが安易な借り入れを助長

サブプライム・ローンでよく見られる「オプションARM」という商品も、安易にローンを借りることを大いに後押しをしました。

「ARM（Adjustable Rate Mortgage）」は変動金利型住宅ローンです。支払金利が、その時々の短期金利に基づいて定期的に変更されていくタイプのものです。

固定金利型のローンの場合は長期金利をベースに固定金利が決められますが、一般的に短期金利は長期金利よりも水準が低いことが多いため、変動型ローンの方が足元の金利支払い負担が低く済みます。その分、変動型ローンでは将来金利が上昇して支払金利が増加するリスクを抱えているわけですが、多くの人は見た目が有利なARMを好むようです。

オプションARMというのは、このARMに様々な当初支払い負担軽減オプションを付加したものです。

たとえば、通常の住宅ローンは金利を払いながら元本も少しずつ返済していきますが、当初何年間は元本の返済をいっさいせずに、金利だけを払えばいいというものがあります。ただ返済負担を将来に先延ばしにしているだけですが、こうしたしくみを「インタレスト・オンリー（Interest Only）」といいます。

また、当初の支払金利を適正な水準よりもさらに低く抑えたタイプの

ものもあります。この低く抑えた分は、元本の増加にカウントされ、将来の金利負担に上乗せされるだけなのですが、目先の支払い負担は低くて済みます。こうした元本遁増型のものを「**ネガティブ・アモチ (Negative Amortization)**」といいます。

　要するにオプションARMは、返済負担を将来に先送りし、それを代償にして目先の支払い負担を抑えた住宅ローンなのです。
　しかし、不動産価格が上昇し続ける環境では、これはとても魅力的な選択肢に見えてしまいます。
　たとえば、投機的な目的で住宅を取得するケースを考えましょう。当初の返済負担が抑えられた2～3年のうちに住宅価格が上がれば、これを売却してローンを期限前償還し、余りを利益として得ることができます。その場合、将来の返済負担は感じずに済みます。実際に、こうした投機目的でオプションARM型のサブプライム・ローンを借りていたケースは多く見られました。
　自宅取得の場合も構図はあまり変わりません。自宅用に住宅を取得し、とくに転売を考えていない場合には、将来の返済負担増加を避けることはできないと思えるかもしれません。しかし、米国ではホーム・エクイティ・ローンが盛んです。
　住宅ローンは購入する住宅を担保に借りるローンですが、担保となっている住宅の価格が上昇すると担保に余裕が生じます。その余裕分を使ってさらに借入をすることができ、これを「**ホーム・エクイティ・ローン**」といいます。
　住宅価格が値上がりし続けている限り、その住宅価格の上昇はホーム・エクイティ・ローンによって現金化できますので、やはりオプションARMの返済負担増加の痛みを感じることはありません。

いずれにしろ、オプションARM型サブプライム・ローンの隆盛は、住宅価格が持続的に上昇するという楽観シナリオに支えられたもので、住宅価格の上昇トレンドが途切れると、一気にその構図が崩れてしまうという危険をはらんだものでした。

7-4
証券化とSIVによる
リスクの拡散

問題が表面化するや否や欧州の銀行に被害が広がる

　証券化は、多くの投資家が様々な裏付資産への投資を可能にするというメリットを持っていますが、同時にそれは、思わぬリスクが思わぬところへ拡散していくという危険と隣り合わせといえます。

　サブプライム問題が表面化しはじめると、欧州の中堅規模の銀行に被害が広がりはじめます。通常なら欧州の中堅銀行が米国の住宅ローンに大きな「**エクスポージャー**」（リスクにさらされる資産などの保有額のこと）を持つことはないでしょう。しかし、証券化によって米国の住宅ローンのリスクは、世界中に拡散していたのです。

　サブプライム問題で大きな損失を被ったドイツのIKB産業銀行のケースを見てみましょう。

　サブプライム・ローンは2006年ごろから延滞率が上がり始め、米国の住宅ローン会社に破綻が相次ぐようになりました。ただし、この問題が世界経済を揺るがせるほどのものになるとはまだ誰も考えていませんでした。

　しかし、2007年6月に米国大手投資銀行ベアスターンズ傘下のヘッジファンドがサブプライム・ローンの証券化商品で大きな損失を被ったこ

とが明らかになり、いよいよ、サブプライム問題が表面化していきます。

IKB産業銀行が巨額損失を公表

　そんななか、当初はサブプライム・ローンへのエクスポージャーは保有していないとしていたドイツ中堅銀行のIKB産業銀行が突然、巨額損失の発生を公表します。思わぬところで思わぬ損失が発生するというのがこのサブプライム危機の大きな特徴で、これが疑心暗鬼を生んで、やがて金融市場を機能麻痺に追い込んでいきます。

　では、なぜIKB産業銀行に突然巨額損失が発生したのでしょうか。欧米の金融機関の多くで、「SIV（Structured Investment Vehicle）」というしくみが活用されていました。SIVとは、図表７－１のようなしくみの投資目的の会社です。おもにCDOやABSを購入しますが、その資金は購入するCDOやABSを担保とするABCPの発行で賄われます。

　SIV自体が証券化のしくみを内包しており、スポンサーとなっている銀行にとっては少額の資金で証券化商品への投資が可能であるばかりでなく、連結対象にはならないのでBIS規制にもかからないという便利な代物だったのです。

　しかし、ABCPは短期の資金調達手段であるため、市場の混乱などで借り換えができなくなるとスポンサー銀行がABCPを引き受けてSIVの破綻を防ぐというしくみが付けられます。これが「**流動性ファシリティ**」、あるいは「**バックアップ・ファシリティ**」ですが、このファシリティが発動された結果、IKB産業銀行は突然SIVの持つ証券化商品のリスクを抱え込むことになったのです。

図表7-1　SIVを利用したABS投資のしくみ

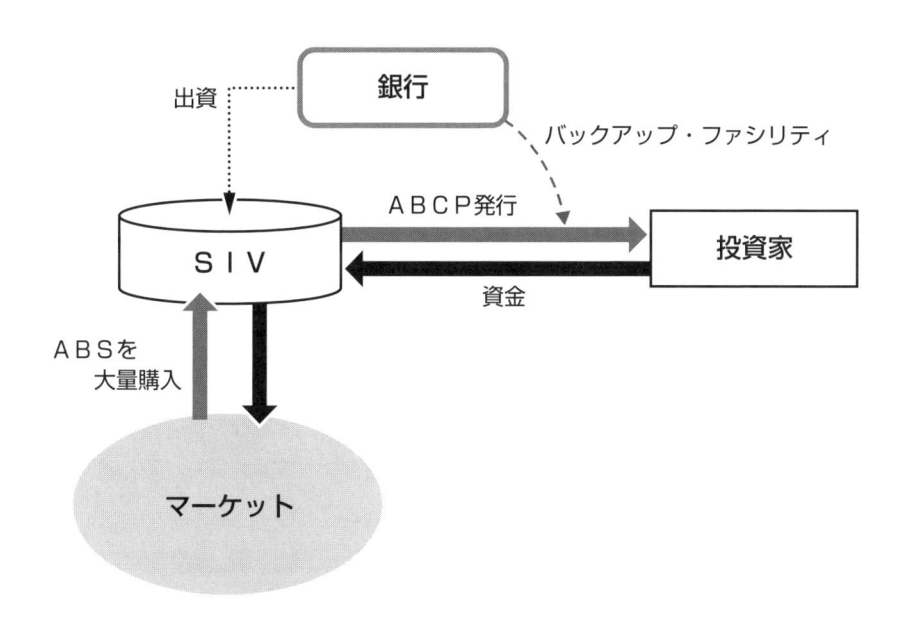

```
                    銀行
             出資 ┄┄┘   └┄┄ バックアップ・ファシリティ
               ↓       ABCP発行
            ┌─────┐ ──────────────→ ┌─────┐
            │ SIV │                   │投資家│
            └─────┘ ←────────────── └─────┘
             ↑  ↓         資金
      ABSを
      大量購入
             ↑  ↓
          ┌────────┐
          │マーケット│
          └────────┘
```

7-5
格付会社の過ちと人任せの投資家

格付会社の利益相反問題

　証券化を通じてサブプライム・ローンのリスクは世界に拡散していきますが、ここで大きな問題となったのは格付です。サブプライム・ローンの証券化商品は、大手格付会社から高い格付を得て、SIVを含む世界中の投資家に販売されました。

　たとえば、ムーディーズの格付は一世紀以上にわたる実績に支えられており、平均的に見て最上級であるAaaの格付ならば1年間でデフォルトに陥る確率はほぼゼロ、A格でも0.1％に満ちません。高格付の債券をポートフォリオで運用していれば、巨額損失が発生するリスクは限りなく小さいと判断されます。

　しかし、サブプライム・ローンの証券化商品では、高い格付を持つ証券化商品がデフォルトに陥ったり、価格が大幅に下落するという例が相次ぎました。

　証券化商品の格付は、裏付けとなっている資産の過去のデフォルト率や損失率をもとに付与されますが、サブプライム・ローンについては比較的最近になって市場が発展してきたものであるため、十分なヒストリカル・データがなかったと見られています。

　格付会社は、その不十分なヒストリカル・データから格付を行ない、

2003～6年ごろのブーム期におけるリスクの高まりを十分に織り込めていなかったと考えられます。

また、とりわけ損失率が大きくなったのは再証券化商品でしたが、再証券化商品に特有の高いリスクも格付には十分に反映されていませんでした。

その背景として指摘されているのが、格付会社の利益相反問題です。

格付会社は民間企業であり、債券発行会社（証券化の場合はSPCの代理人としてのアレンジャー）の依頼を受けて格付を付与し、それに対して報酬を得ます。つまり、格付を付与する相手が顧客なのです。

安易な格付を付与すれば格付会社の信用が失墜し、長期的には格付会社そのものを傷付けてしまいますが、短期的には依頼主の意向に沿った格付を付与することで利益を得られる構造となっているのです。

だからといって名だたる格付会社が故意に誤った格付を付与したということではないと信じたいのですが、結果として安易な格付を付与し、大きな市場の混乱を招いてしまったことは間違いありません。

サブプライム・ローンの延滞率の上昇による証券化商品の価値毀損を受けて、2007年7月に大手格付会社は相次いでサブプライム証券化商品の格付をいっせいに引き下げます。これが市場の混乱を招き、IKB産業銀行の損失表面化や翌月のパリバ・ショックを引き起こす直接の引き金となったと見られます（「パリバ・ショック」とは、2007年8月、フランス大手銀行BNPパリバ傘下のファンドが、投資していたサブプライム・ローン証券化商品の価格が把握できなくなったとして資金を凍結した事態のこと。世界中の市場にショックが走り、サブプライム問題がもはや抜き差しならないものであることを知らしめた大きな出来事だった）。

格付会社の格付変更は、ときに市場に混乱を生じさせます。そのため、格付会社は非難を受けます。しかし、債券発行体の信用力が悪化したときに格付を引き下げて投資家に警鐘を鳴らすのは格付会社の本来の役割です。それを非難するのはあまりにも筋違いでしょう。

　ところが、高い格付が付けられていた一連の証券化商品がいっせいに格下げされるのは異例の事態であり、そもそも当初付与されていた格付が正しくなかったことがその原因なのではないかと疑われます。そして、それこそがサブプライム・ショックにおける格付に関する真の問題だったと見るべきでしょう。

人任せの投資家

　格付は債券市場を支える重要な要素です。その格付が間違っていたというのは当然、大きな問題です。しかし、格付の問題は、格付を盲信して人任せで運用している投資家の問題の裏返しでもあります。

　格付は本来、格付会社という一民間企業の意見に過ぎません。その意見を参考にするのはよいとして、投資家は最終的には自己の判断と責任で投資を決定しなければなりません。しかし、実際には格付を鵜呑みにしてしまっている投資家が多いというのが実情です。

　とくにSIVのようなしくみでは、ABCPで外部の資金を取り入れるため、レバレッジが掛かり、リスクはより大きくなります。レバレッジが掛かっていると、わずかな損失でもそれが増幅される効果がありますから、簡単に資金繰り難に陥ったり自己資本が吹き飛んだりしてしまいます。

　サブプライム問題では、多くのヘッジファンドやSIVが破綻しますが、それらの多くはハイレバレッジが原因で破綻しています。また、その後、

図表7−2 サブプライムがバブルになった構図

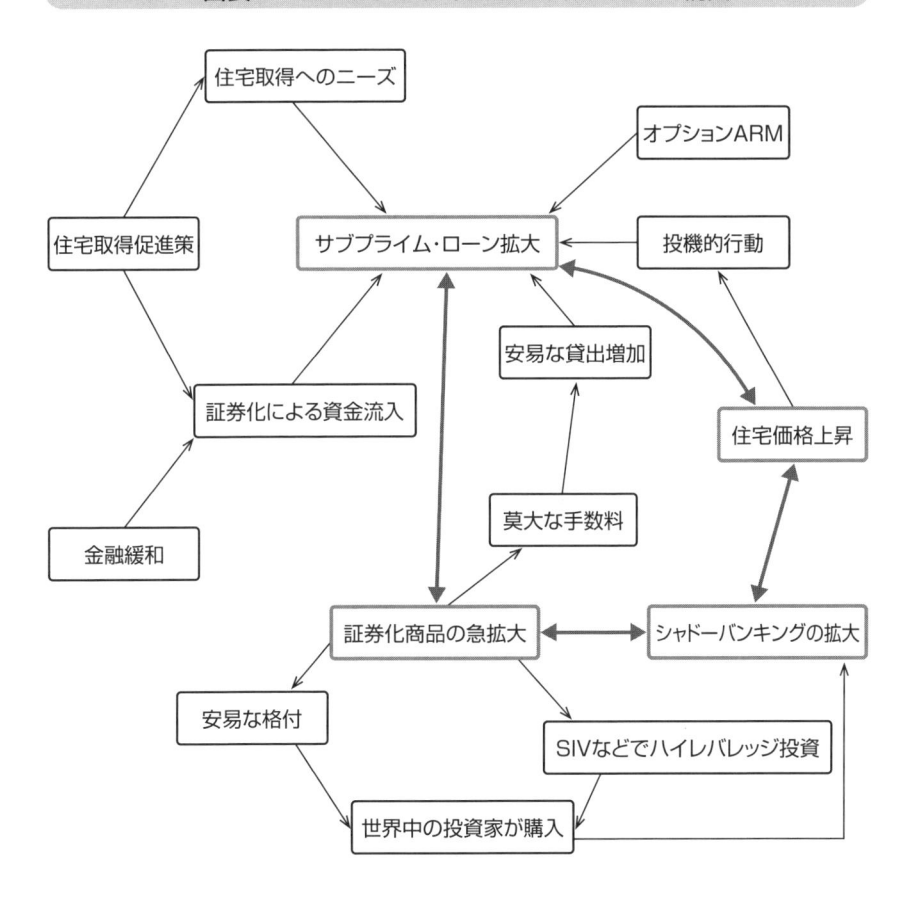

(図)

破綻したベアスターンズやリーマン・ブラザースも破綻の直接の原因はハイレバレッジによる資金繰り難です。

　ハイレバレッジを掛けて大きなリスクを負っているのに、そのリスクの評価は格付任せというところに、サブプライム問題の大きな背景が隠されています。

7-6
リスク管理しても なぜ危機を防げなかったのか

　サブプライム問題で多くの金融機関が経営危機に陥ったり、破綻に追い込まれていきますが、本来、彼らはリスク管理のプロであるはずです。とくに銀行についてはBIS規制という国際的な規制の枠組みがあります。折しも2007年は、「新BIS規制（バーゼル2）」が適用開始になった年です。

　しかし、サブプライム問題は金融機関のリスク管理の不備を露呈することになりました。

　債券のリスクは、通常、格付をベースとして行なわれます。格付が高い債券は、リスクが低いものとして扱われます。リスク管理は客観性が大切なので、格付のような指標はとても重要なのです。しかし、格付が間違っていたとか、あるとき同種の債券がいっせいに格下げになるという事態はリスク管理ではなかなか捉えることができません。

　また、SIVのようなビークルで投資を行なっている場合、そのリスクも通常のリスク管理の中では捉えることが困難です。

　本当はSIVでの投資が失敗すると、ABCPの引き受け手がいなくなり、バックアップ・ファシリティが適用されてSIV向けの貸出が発生します。この貸出の返済原資はSIVの投資資産ですから、それが毀損していれば返済を受けることができません。しかし、このような偶発的な損失リス

クが適正に管理されていなかった金融機関は、決して少なくなかったでしょう。

図表7-3　サブプライム問題とリーマン・ショックの経緯年表

時期	内容
2001～5年頃	住宅価格の上昇を背景に、サブプライム・ローンが急拡大
2006～7年初	住宅価格の上昇率鈍化、サブプライム・ローン延滞率上昇 住宅ローン会社の経営難が表面化
2007年3月	大手住宅ローン会社ニュー・センチュリーが経営破綻
2007年6月	大手証券会社ベアスターンズ傘下のヘッジファンドが実質破綻
2007年7月	格付会社が相次いでサブプライム・ローン証券化商品の格付をいっせいに引き下げ 独中堅銀ＩＫＢ産業銀行がサブプライム・ローン関連で巨額損失を発表
2007年8月	『パリバ・ショック』 仏大手銀ＢＮＰパリバが傘下のファンドを凍結
2008年3月	ベアスターンズが実質破綻。ＪＰモルガンに吸収合併される モノライン各社、ファニーメイ、フレディーマック、リーマン・ブラザーズなどの経営危機が表面化
2008年9月	7日、ファニーメイ、フレディーマック政府管理下に 15日、リーマン・ブラザーズ破綻。バンカメがメリルリンチの買収を発表 16日、ＡＩＧに緊急融資、政府管理下に置かれる 29日、米議会で金融安定化法否決。これを受けて、株式市場は史上最大の暴落
2008年10月	3日、金融安定化法、修正可決

ちなみに、その後リーマン・ショックへと発展していく金融危機のなかで、相場の変動が過去の事例を大きく超える事態が発生します。金融機関のリスク管理で主要な位置付けを占めているVaR（バリュー・アット・リスク）では、おもに過去のヒストリカル・データをもとにリスク量を算出するというやり方を取ります。

　しかし、過去に例を見ない大幅な相場変動が起きれば、それは過去のデータにないものなので、そのときのリスクは計測できないことになります。このようにサブプライム問題とリーマン・ショックは、リスク管理の有効性に疑問を投げかけ、その信頼性を大きく揺るがせる事態となったのでした。

　適用が開始されたばかりの新BIS規制も、結局、危機の発生を防ぐことはできませんでした。そうした反省から、BIS規制のあり方も議論の的となり、バーゼル2.5とか、バーゼル3と呼ばれる一連のBIS規制改革の中で大幅に規制が強化される方向に動いていきます。

　もっとも、規制を強化しさえすれば金融危機が防げると考えるのも、とても安易で危険な発想です。また、金融規制を強化しすぎると、金融機関がリスクを取れなくなり、実体経済へリスクマネーを供給するという金融機関本来の役割を果たすことができなくなります。そうした金融機能の弱体化が実体経済に与える影響には計り知れないものがあります。

　金融規制をめぐる議論には正解と呼べるものはなく、何が適切な金融規制なのか、今後とも模索が続いていくことになるでしょう。

7-7
価格の急落と失われる市場流動性

市場流動性リスクが一気に表面化

　まだ危機前の2006年末〜7年にかけて、サブプライム・ローンの延滞率がじわじわと上がり始めていました。すでに多くの地域で住宅価格の上昇がストップしており、住宅価格の上昇を前提とした無理なオプションARMなどの返済ができなくなってきたのです。

　そして、サブプライム・ローンを裏付資産とする証券化商品の価格もじりじりと下落していきました。サブプライム・ローンの証券化商品が多く組み入れられた再証券化商品では、とくに値下がりが激しく起きました。

　そうしたなかで、先述したように格付会社によるいっせい格下げがあり、証券化市場はパニックに陥ります。いわゆるサブプライム・ショックと形容された状況は、証券化商品の急激な価格下落もさることながら、そもそも適正な価格がわからないとか、売ろうとしても買い手がいっさい現われないという事態によって一気に助長されていきます。

　このようなリスクを「**市場流動性リスク**」といいます。証券化商品はこの市場流動性リスクが高めの商品ですが、それが一気に表面化したのです。

疑心暗鬼から破綻へ

　当時、金融市場では、IKB産業銀行の損失発表やパリバ・ショックによって疑心暗鬼が広がり、銀行間市場の資金の貸し借りが急速に細っていました。証券化を通じたリスク拡散で、誰がどの程度のリスクを負っているのかが、まったくわからなくなってしまったので、とにかく相手が誰であれ資金を貸し出したくないというムードが広がったのです。

　そうしたなか、ハイレバレッジで証券化商品への投資を行なっていたヘッジファンドやSIVは、顧客からの出資金の解約要請に応えられなくなっていきます。銀行はもはやこうしたファンドに資金を出してくれません。また、保有している証券化商品は売るに売れないため、換金することができません。こうして顧客の解約に応じられなくなったファンドは、破綻に追い込まれていきます。

　ヘッジファンドやSIVにスポンサー会社がいる場合は、そうしたスポンサー会社が丸抱えで救済をすることになりますが、今度はその損失を引き受けたスポンサー会社が金融市場からはじき出されて資金繰り難に追い込まれていきます。米国の大手証券会社の一角であるベアスターンズが経営危機に陥ったのは、そうした経緯からでした。

7-8 金融市場と住宅市場の悪循環

資金繰り難が危機を増幅

　サブプライム・ローンの残高は、危機表面化前の2006年末推計値でおよそ1.5兆ドルありました。危機が表面化した2007年前半には、サブプライム・ローンの延滞率が15％ほどに達しています。仮にサブプライム・ローンの8割が証券化され、延滞債権の半額が毀損するとした場合、証券化商品に発生する損失は1.5兆ドル×80％×15％×0.5＝900億ドル（1ドル100円として9兆円）です。

　かなり大きな数字ではありますが、これだけで世界経済や金融市場が破滅的なダメージを被るほどではありません。実のところ、パリバ・ショック後でも、サブプライム・ショックでの損失はせいぜい10兆円程度であり、金融市場に決定的な打撃は与えないという見方が一般的だったのです。

　しかし、ここで危機が危機を呼ぶスパイラル的な危機増幅機能のスイッチが入ってしまいます。誰がどの程度のリスクを負っているのかわからないという恐怖心が金融市場を麻痺させ、それが多くのファンドや金融機関の資金繰りを困難にする流動性危機を招きます。これが、危機増幅機能のスイッチ役を果たしました。

資金繰りに汲々としたファンドや金融機関は、売れるモノを売って資金に変えようとします。サブプライム・ローン証券化商品は売るに売れない状態ですから、まずはそれ以外の証券化商品を売ります。
　こうしてサブプライムとは関係のない他の証券化商品の価格も下落していきます。
　損失を被った金融機関の株も大きく下落していきます。それに引きずられるようにして株式市場全体もじりじりと値を下げ、景気に暗雲が垂れ込めます。

金融市場の悪化が住宅市場に波及する

　健全な銀行ですら資金を確保しておこうとして貸出を抑えるため、一般の企業や個人も資金を借りにくくなっていきます。また、サブプライム・ローンの差し押さえにより、住宅が処分売りに出されるようになり、住宅価格が大きく下落し始めます。
　住宅価格が下落し、他の金融機関からの借り入れもできないため、サブプライム・ローンの延滞率はさらに上昇していきます。そしてそれが更なる住宅の売りを招き、住宅価格が下落し、さらにそれが延滞率をさらに引き上げ……、というような悪循環が生まれたのです。その悪循環は、プライム・ローンなど信用力が高いと見られていた住宅ローンにまで波及していきます。
　結局、サブプライム・ローンの延滞率は最終的に30％弱にまで達し、証券化の対象となったローンではさらにそれ以上の延滞が発生したものと見られます。そして信用力が高いとされるプライム・ローンですら、延滞率は10％近くにまで上昇します。
　こうした連鎖的な波及効果のなかで、思わぬところで思わぬ損失が発生する事態が頻出し、金融市場ではさらに疑心暗鬼が募ります。そして

金融機関の破綻が相次ぎ、それが今度はクレジット・デリバティブ（企業のデフォルト・リスクを取引する金融商品）の市場での巨額の損失を生みます。大手保険会社AIGが経営危機に陥ったのは、このクレジット・デリバティブ市場への波及の結果でした。

このようにして金融市場での損失の輪は拡大していき、2008年のリーマン・ショックにより、ついには未曽有の金融危機にまで発展していったのです。最終的に金融機関が被った損失については様々な試算がありますが、かなり限定的に見積もっても1.5兆ドル程度に達したといわれています。そしてその多くは、サブプライム危機に誘発されて連鎖的に発生した他の資産での損失だったのです。

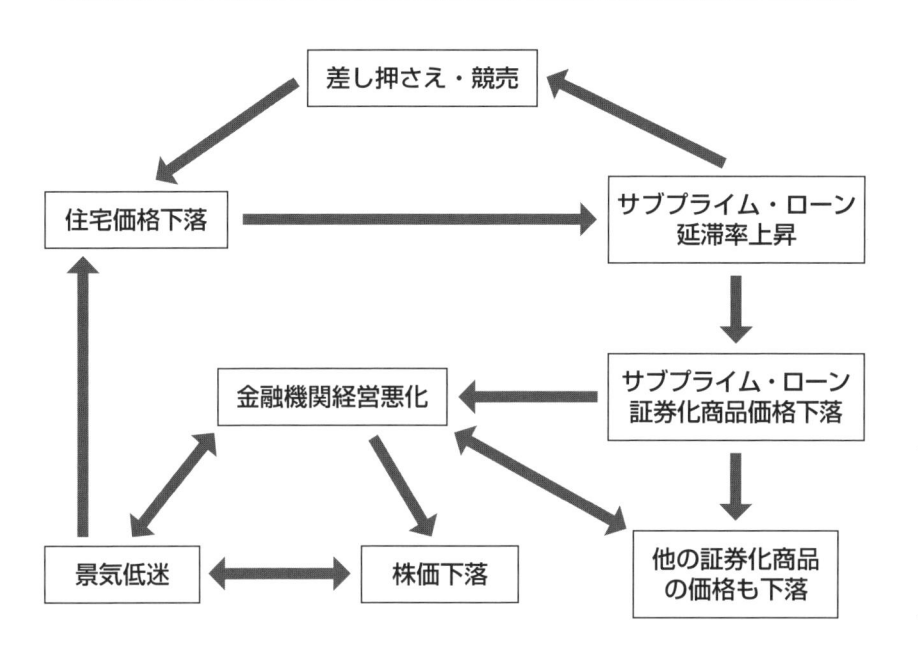

図表7−4　金融市場と住宅市場の悪循環

7-9
バーゼル2.5での規制強化

バーゼル3に先行して実施されたバーゼル2.5

　サブプライム・ショックを受けて、国際的な金融規制のあり方にも様々な議論が巻き起こります。国際的な金融規制であるBIS規制も大幅に見直されることになりました。

　「バーゼル3」といわれている新規制は2013～19年にかけて段階適用されていくことになります。その目玉は、大幅な自己資本比率規制の強化と、「金融システムの安定維持のために重要な大金融機関（G-Sifis；Global Systemically Important Financial Institutions）」への監視体制強化です。

　金融機関が抱えるリスクの計測についても、リーマン・ショックで明らかになったデリバティブのカウンターパーティ・リスクや流動性リスクについて新たな取り組みがスタートします。

　証券化もこうした規制強化の流れの中で大きな影響を受けます。証券化によって様々なリスクが覆い隠される形となったこと、規制上、あるいは各金融機関の内部管理上、一部の証券化商品のリスクが適正に把握されていなかったことが危機の重要な一因とされたのです。

　証券化商品への規制強化は、他のいくつかの項目と合わせてバーゼル

3に先行して実施されることになったため、これらは「バーゼル2.5」といわれます。

バーゼル2.5における証券化商品への規制の枠組み

　BIS規制では、銀行が抱えているリスク量を一定の算出方法でリスク・アセットというものに換算し、そのリスク・アセットに対して十分な自己資本を保有することを求めています。

　バーゼル2.5では、証券化商品に対して、以下のような規制の枠組みを導入しました（図表7－5）。

図表7－5　バーゼル2.5での証券化商品リスクウエイト

格付	(参考) 金融機関向け与信	(参考) その他法人等向け与信	証券化エクスポージャー		再証券化エクスポージャー	
			オリジネーターの場合	オリジネーター以外の場合	オリジネーターの場合	オリジネーター以外の場合
AAA～AA－	20%	20%	20%	20%	40%	40%
A＋～A－	50%	50%	50%	50%	100%	100%
BBB＋～BBB－	100%	100%	100%	100%	225%	225%
BB＋～BB－	100%	100%		350%		650%
B＋～B－	100%	150%	自己資本控除	自己資本控除	自己資本控除	自己資本控除
B－未満	150%	150%				
無格付	100%	100%				

(出所)　金融庁

＊「自己資本控除」は、以下の自己資本比率の計算でリスク・アセットに加算するのではなく、自己資本から控除することを指す。リスクが最も大きいことを意味しており、リスクウエイトに換算すると1,250％に相当する。

$$\text{自己資本比率（BIS）} = \frac{\text{自己資本}}{\text{リスク・アセット}} \geq 8\%（国際基準行の場合）$$

◎証券化商品にかかるリスク計測の精緻化と厳格化

・再証券化エクスポージャーの取扱いの導入

再証券化エクスポージャーを新たに定義し、通常の証券化よりも高いリスク・ウエイトを課すようにしました。リスク・ウエイトは、リスク・アセットを求めるときに用いられる掛け目のことで、リスク・ウエイトが高くなるとリスク・アセットが増え、必要とされる自己資本も増えることになります。

・トレーディング勘定における証券化の取り扱い強化

銀行には、銀行勘定という本来の勘定と、もっぱら市場取引を行なうためのトレーディング勘定があります。

トレーディング勘定で保有する証券化商品について、従来は必ずしもリスクの補足が十分ではなかったため、銀行勘定に準じた方法（リスク・ウエイトをより厳格な銀行勘定のものに統一、ロング・ポジションとショート・ポジションのリスクをネットせずに合算するなど）を適用することとしました。

なお、コリレーション・トレーディングが新たに定義され、これに該当するものについてはリスク計測の方法を別途定めています（コリレーション・トレーディングは、裏付資産が市場で取引可能な単一債務者の商品で構成された証券化商品やバスケット型クレジット・デリバティブのことをいう。一般的なシンセティックCDOはこれに該当する）。

◎外部格付の利用に関する要件の強化

外部格付が自行の流動性補完に依存している場合は、その格付を使ってリスクを評価できなくなります。また、外部格付を使ってリスクを評価する場合、

> ・証券化エクスポージャーのリスク特性、裏付資産プールのリスク特性を常時、包括的に理解している
> ・裏付資産プールのパフォーマンス情報を定時かつタイムリーに入手できる
> ・証券化のしくみ上の特徴をよく理解している

といった要件が求められることになりました。

◎適格流動性補完

　適格流動性補完は一定の条件を満たした流動性補完のことで、リスクを計算する際に減額を認める制度がありましたが、それを厳格化しています。

◎証券化のリスクにかかる情報開示の強化

　証券化に関するエクスポージャーを細かく分類し、それらを適切に情報開示することが求められます。

　これらは銀行に対する規制ですが、別途、格付会社に対する規制強化も欧米などでは準備されています。
　いずれにしろ、リーマン・ショックの元凶とされた証券化にかかる規制は大幅に強化されることになります。だからといって証券化がなくなるわけではありませんが、銀行や格付会社などは案件を選別し、より慎重に取り組む必要が出てくるでしょう。

7-10
バック・トゥ・ベーシック
証券化の未来

証券化はもう終わった?!

　証券化は、現代金融ビジネスにおける一大イノベーションとして急速に発展し、巨大市場を形成するまでになりました。しかし、サブプライム問題とそれに続くリーマン・ショックでは大きな打撃を受け、市場の拡大には急ブレーキがかかっています。

　2005～6年ごろにかけての証券化市場の活況は、もはや二度と戻ってこないかもしれません。BIS規制など規制の強化も市場の拡大には重くのしかかってきます。

　「証券化はもう終わった」というあきらめの声が聞かれることもあります。しかし、現実には証券化市場はなくなっていません。それなりの市場規模は維持されています。

　ひと口に証券化といっても、その種類によって打撃を受けている程度は大きく異なります。壊滅的な打撃を受けているのは、再証券化商品やシングル・トランシェのシンセティックCDOなどです。伝統的な自動車ローン、クレジット債権などは、比較的安定しています。住宅ローンの証券化でも、リスクの高いしくみのものは姿を消していますが、安定的なスキームのものは依然として大きな市場を形成しています。

つまり、現在の証券化市場は「終わった」のではなく、「**バック・トゥ・ベーシック（原点回帰）**」の局面を迎えているのです。

バック・トゥ・ベーシックといっても、単に時計の針を巻き戻すということではありません。サブプライム問題で表面化した証券化にともなう課題やリスクをもう一度点検し、健全な証券化ビジネスの姿を取り戻す必要があるのです。

サブプライム問題は、イノベーションだった証券化が現代金融ビジネスの柱の一つとして定着するために避けて通ることができない関門だったのかもしれません。

証券化の未来

本書でも指摘してきた通り、証券化には様々なメリットがあります。適切かつ慎重に進められる限りにおいて、証券化は関係者に大きなメリットをもたらすでしょう。そして、そうしたメリットが消えない以上、証券化ビジネスの未来も消えません。ただし、それはサブプライム問題の教訓をいかに生かせるかにかかっています。

サブプライム問題では、証券化にともなう様々な問題が表面化しました。それらについてはすでに本書で見てきた通りですが、オリジネーターも、アレンジャーも、投資家も、銀行も、格付会社も、すべての証券化関係者がそうした問題点と向き合わなくてはなりません。

証券化は本来、一つひとつ手間をかけて組成をしていくものです。投資家は、やはり一つひとつ手間をかけてリスクを評価して投資の是非を判断しなければなりません。証券化は手間のかかるものであり、手っ取り早く儲ける手段にはふさわしくありません。

そのかわり、手間を惜しまないものには、証券化が大きなメリットをもたらしてくれます。オリジネーターは新たな資金調達手段を手にすることができ、より適切な財務戦略を追求できるようになります。投資家は、新たな投資手段を得ることができ、より適切な運用ポートフォリオを構築することが可能になります。

　結局のところ、どんな金融のしくみでも、それを支えるのは関係者のモラルです。それがサブプライム問題の最大の教訓ではないでしょうか。そのことに関係者が気付いたとき、証券化の新しい未来は開けてくるはずです。

　それは2005〜6年のころのように華やかで激しいものではなく、もっと地道で健全なビジネスとして、金融と経済の発展を支えていく姿です。これだけの素晴らしい潜在力を秘めた証券化ビジネスが、そのような新しい発展の道を歩み始めることを、私は信じています。

さくいん
Index

アルファベット順

A

ABCP（Asset Backed Commercial Paper） 21, 67
ABS（Asset Backed Securities） 17, 21
ABS CDO 203
ARM（Adjustable Rate Mortgage） 222

B

Bankruptcy Remote 50

C

CBO（Collateralized Bond Obligation） 24, 178, 192
CDO（Collateralized Debt Obligation） 24, 178
CDO^2 203
CDO^3 203
CDS 24, 194, 198
CLO（Collateralized Loan Obligation） 24, 178
CMBS（Commercial Mortgage Backed Securities） 25, 128
CMO（Collateralized Mortgage Obligation） 29, 30, 123
conduit 17
CPR（Conditional Prepayment Rate） 120
Credit Enhancement 63

D

DSCR（Debt Service Coverage Ratio） 169

G

GNMA 28

I

Interest Only 126, 222
IRR（Internal Rate of Return） 170

J

J-REIT 137, 153

L

LBO（Leveraged Buy Out） 44
LGD（Loss Given Default） 183
LTV（Loan to Value） 93, 168

M

MBS（Mortgage Backed Securities） 25, 108

N

NAV（Net Asset Value） 172
Negative Amortization 223

NOI（Net Operating Income）
　　　　　　　　　　148, 167
NPV（Net Present Value）　　171

O

OAS　　　　　　　　　　　122

P

PD（Probability of Default）　　182
PML（Probable Maximum Loss）147
Principal Only　　　　　　　125

R

REIT（Real Estate Investment Trust）
　　　　　　　　　　　25, 134
RMBS（Residential Mortgage
　Backed Securities）
　　　　　　　　25, 108, 111, 128

S

SIV（Structured Investment Vehicle）
　　　　　　　　　　　　　226
S&L　　　　　　　　　　　　30
SPC（Special Purpose Company）
　　　　　　　　　　18, 51, 78
SPE（Special Purpose Entity）　17
SPV（Special Purpose Vehicle）　17

T

TMK　　　　　　　　　　20, 164

W

WBS（Whole Business Securitization）
　　　　　　　　　　　　26, 44

50音順

あ

アービトラージ型　　　　36, 104, 192
IO債　　　　　　　　　　　　126
IKB産業銀行　　　　　　　　226
アセット・マネージャー
　　　　　　　　　　137, 143, 151
アレンジャー（組成業者）　　　77

い

一般社団法人　　　　　　　　52
一般社団法人及び一般財団法人に関
　する法律　　　　　　　　　52
インタレスト・オンリー　　　222
インベストメント・バンク　　41

う

ウォーターフォール　　　　　89
裏付資産　　　　　24, 70, 83, 192, 198

え

エクイティ 81, 87, 99, 206
エクスポージャー 225
S種債 108
NAV倍率 172
エンジニアリング・レポート 146

お

オプションARM 222
オプション調整スプレッド 122
オフバランス化 38, 58, 77
オリジネーター 36, 56, 104, 130, 141
オルトAローン 215

か

回収率 182
開発型不動産ファンド 173
外部格付 242
外部信用補完 65
価格変動リスク 71
格付 91
格付記号 92
株式会社 19
間接金融 14

き

企業向け債権 24
期限前償還リスク 112, 123, 128
期限前償還率 114, 117
季節要因 114

キャッシュ・セトル 195
キャッシュ・トラップ 66, 169
キャッシュフローの現在価値 125
キャップ・レート 167
金銭債権 24
金融商品取引法 160

く

組合 22
クレジット・デフォルト・スワップ 25, 194
クレジット・デリバティブ 194, 242
クロージング 81

け

月次債 108
原債権者 36

こ

合同会社 19
合名会社 154
コラテラル・マネージャー 193
コリレーション・トレーディング 242
コミングル・リスク 61, 66
5％ルール 60

さ

サービサー 50, 61
再証券化 72, 208
再証券化エクスポージャー 242
財務構成要素アプローチ 59

Index

債務担保証券 …… 24, 178
最劣後債務 …… 87
サブプライム・ショック
　…… 29, 31, 34, 42, 204
サブプライム・ローン …… 40, 65, 215

し

GK-TKスキーム …… 153, 154, 164
シーズニング効果 …… 114
CDSプレミアム …… 196
自己運用 …… 161
自己募集 …… 160
事業の証券化 …… 26, 44
仕組債 …… 101
資産精査 …… 78
資産担保コマーシャルペーパー …… 21
資産担保証券 …… 17, 21
資産流動化計画 …… 156
資産流動化法（資産の流動化に関する法律）…… 20
市場流動性リスク …… 71, 235
シニア（債）…… 81, 87, 93, 96, 206
ジニーメイ …… 28
私募不動産ファンド …… 25, 153
社債担保証券 …… 24
シャドー・バンキング …… 15, 218
収益還元法 …… 148
住宅金融支援機構 …… 108, 111
住宅ローン …… 108, 114, 130
集団投資スキーム …… 160
純営業収入 …… 148

純現在価値 …… 171
純資産価値 …… 172
商業用不動産ローン …… 130
証券化の定義 …… 14
シングル・トランシェ …… 200
真正売買 …… 56
シンセティックCDO …… 25, 178, 194, 196
信託 …… 21, 79
信託社債 …… 24
信託受益権 …… 24, 79, 140
信用補完 …… 63

す

スーパー・シニア …… 87
ストラクチャー …… 71
ストリップス債 …… 125
スポンサー …… 151
スワップ・カウンターパーティ
　（スワップC/P）…… 97, 101, 103, 197

せ

正の相関 …… 188
セカンダリー取引 …… 198

そ

相関 …… 85, 188, 190
相関係数 …… 211
組成業者 …… 41, 77

た

対抗要件 …… 58

ち

超過スプレッド ……………………… 119
超過担保 ……………………………… 63
直接還元法 …………………………… 148
直接金融 ……………………………… 14

て

DCF（ディスカウント・キャッシュ
　フロー）法 ………………………… 149
ディスカウント・ファクター ……… 125
適格機関投資家等特例業務 ………… 161
適格流動性補完 ……………………… 243
テナント ……………………………… 129
デフォルト確率 ……………………… 182
デフォルト相関 ……………………… 188
デフォルト・リスク ………………… 94
デューデリジェンス ……… 78, 143, 146
デリバティブ …………………… 126, 202

と

導管性 ………………………………… 17
導管体 ………………………………… 17
倒産隔離 ……………………………… 50
投資家 ………………… 39, 43, 104, 151
投資銀行 ……………………………… 41
投資口 ………………………………… 23
投資形態 ……………………………… 21
投資信託 ……………………………… 135
投資事業有限責任組合契約に関する
　法律 ………………………………… 22

投資法人 ……………………………… 20
投資法人債 …………………………… 23
投信法（投資信託及び投資法人に関
　する法律） ………………………… 20
トゥルー・セール …………………… 56
登録免許税 …………………………… 140
特定社債 ………………………… 23, 157
特定出資 ……………………………… 157
特定目的会社 …………………… 20, 156
特定目的借入 ………………………… 157
特別目的会社 ………………………… 18
匿名組合 ………………………… 22, 154
トランシェ ……………………… 89, 96
トランチング ………………… 81, 87, 89

な

内部格付 ………………………… 179, 180
内部信用補完 ………………………… 65

に

任意組合 ……………………………… 22

ね

ネガティブ・アモチ ………………… 223
ネガティブ・コンベキシティ ……… 118

の

ノンリコース型 ……………………… 130
ノンリコース・ローン … 22, 54, 140, 154

は

- バーゼル2 232
- バーゼル2.5 241
- バーゼル3 240
- バーン・アウト効果 114
- 配当利回り 169
- バスケット・オプション 202
- パススルー課税 139
- パススルー型 108, 112
- パススルー証券 29, 117
- バックアップ・ファシリティ .. 67, 226
- バランスシート型 36
- パリバ・ショック 229
- バンクラプシー・リモート 50

ひ

- BIS規制 232, 244
- PSJモデル 120
- PO債 125
- 非遡及型ローン 140

ふ

- ファニーメイ 27, 28
- ファンドブリーフ債 31
- フィジカル・セトル 194
- 不動産鑑定書 148
- 不動産関連債権 25
- 不動産取得税 140
- 不動産抵当証券担保証券 30
- 不動産投資信託 25, 134
- 不動産特定共同事業 165
- 不動産ファンド 25
- 負の相関 188
- プライマリー取引 198
- プライム・ローン 215
- フラット35 110
- フレディーマック 28
- プロジェクト・ファイナンス 44
- プロテクション・セラー 196
- プロテクション・バイヤー 194
- プロパティ・マネージャー 144
- 分散効果 85

へ

- ペイスルー課税 139
- ペイスルー型 123
- ペイスルー証券 30
- 変動利付債 96

ほ

- ホーム・エクイティ・ローン .. 223
- ホールセール 42
- 保証 64

み

- みなし有価証券 140

め

- メザニン（債） 81, 87, 93, 96, 205

も

モーゲージ証券 ……………………… 27
モーゲージ担保証券 ………………… 108

ゆ

有限会社 …………………………………… 19
有限責任投資事業組合 ……………… 22
優先債務 …………………………………… 87
優先出資 ………………………………… 157
優先劣後構造 ……………… 54, 63, 87, 104

よ

予想最大損失 …………………………… 147

り

リーシング業務 ………………………… 144
リート ……………………………………… 134
リザーブ …………………………………… 66
リスク経済アプローチ ………………… 59
流動性ファシリティ …………………… 226
流動性補完 ……………………………… 67

れ

レーミック ………………………………… 30
レバレッジ …………………………… 99, 230
レンダーSPC ……………………………… 45

ろ

ローン担保証券 ………………………… 24
ローン・ポートフォリオ ………… 182, 187

わ

割引因子 ………………………………… 125

田渕直也（たぶち　なおや）

1963年生まれ。85年一橋大学経済学部卒業。同年、日本長期信用銀行に入行。デリバティブを利用した商品設計、デリバティブのディーリング、ポートフォリオマネジメント等に従事する。その後、海外証券子会社であるLTCB International Ltdに出向。デリバティブ・ディーリング・デスクの責任者を務める。帰国後、金融市場営業部および金融開発部次長。銀行本体のデリバティブ・ポートフォリオの管理責任者を務める。2000年より、UFJパートナーズ投信（現・三菱UFJ投信）にてチーフファンドマネージャーとして、債券運用、新商品開発、フロント・リスク管理、ストラクチャード・プロダクツへの投資などを担当。現在、金融アナリスト、コンサルタント。株式会社ミリタス・フィナンシャル・コンサルティング代表取締役。
著書に、『入門実践金融　デリバティブのすべて』『図解でわかるランダムウォーク&行動ファイナンス理論のすべて』『世界一やさしい金融工学の本です』『デリバティブのプロが教える金融基礎力養成講座』『確率論的思考』（以上、日本実業出版社）があるほか、共著として『スワップ取引のすべて』（金融財政事情研究会）がある。

入門実践金融

証券化のすべて

2012年10月20日　初版発行

著　者　田渕直也　©N.Tabuchi 2012
発行者　吉田啓二
発行所　株式会社 日本実業出版社　東京都文京区本郷3-2-12 〒113-0033
　　　　　　　　　　　　　　　　大阪市北区西天満6-8-1 〒530-0047
　　　　編集部　☎03-3814-5651
　　　　営業部　☎03-3814-5161　振替　00170-1-25349
　　　　　　　　　　　　　　　　http://www.njg.co.jp/

印刷／壮光舎　　製本／若林製本

この本の内容についてのお問合せは、書面かFAX（03-3818-2723）にてお願い致します。
落丁・乱丁本は、送料小社負担にて、お取り替え致します。

ISBN 978-4-534-05006-9　Printed in JAPAN

下記の価格は消費税（5％）を含む金額です。

日本実業出版社の本　金融知識とセンスが身につく！　好評既刊！

デリバティブのすべて
田渕 直也 著
定価 2940円（税込）

デリバティブは現代の金融ビジネスでは欠かせない商品。本書は、証券化、投資運用、保険、リスク管理、顧客提案営業など、関連業務に携わる金融マン向けに必須な知識をやさしく解説。

世界一やさしい金融工学の本です
田渕 直也 著
定価 1680円（税込）

「世界一やさしい」を実現したマンガでわかる金融工学の超入門書。デリバティブ、スワップ、オプションからブラック＝ショールズ・モデル、リスク管理の概要まで自然に理解できる。

デリバティブのプロが教える 金融基礎力養成講座
田渕 直也 著
定価 1890円（税込）

「金融」を理解するには、実体経済、金融市場、リスク管理、新金融技術という4つのファクターを知り、それらの関係を把握することだ。初級〜中級者向けにずっと使える普遍知識を伝授。

図解でわかる ランダムウォーク＆行動ファイナンス理論のすべて
田渕 直也 著
定価 2520円（税込）

ランダムウォーク理論、行動ファイナンス理論など投資家を魅了し続ける「市場理論」（＝錬金術）について、豊富な図解を用いて網羅的に解説する他に類をみない初めての実務書！

定価変更の場合はご了承ください。